直観力

メンタリスト
DaiGo

はじめに

あ、なんだか、これっておもしろそう――。

ひょっとしたら、新しい世界が広がるような気がする――。

これなら、誰もやっていないことができるかもしれない――。

私はこれまで、こうした自分の「直観」を信じて行動を起こすことで、様々な分野へ活動の範囲を広げてきました。

パフォーマンスに始まり、TV出演、企業アドバイザー、講演・研修事業。さらにニコニコ動画の放送、大学教授から企業顧問、作家まで――。

直観に従って選択したらその分野の本を読みあさり、専門家に会って話し、独学で勉強する。そうやってストックされたその分野の知識や経験、人脈が、次に訪れる選択や決断における新たな直観を生むベースになっていく。

こうした **〝ループ〟によって直観が鍛えられ、自分が進むべき道を間違えずに選択し、後悔しない決断をすることができた。そう自負しています。**

そもそも人工知能の研究をしていた私が人の心を学ぶ心理学理論におもしろさを見出し、それをきっかけにメンタリズムへの道を選んだ。この選択も、その瞬間の「これだ！」という自分の直観に背中を押されての決断だったと言っていいでしょう。私たちの人生は選択と決断の繰り返しです。ならば誰もがその都度、できる限り正しい選択をしたいと思うのは当然のこと。

もちろん未来に何が起こるかなどは誰にもわかりません。すべてにおいて正しい選択ができる人、絶対に間違った決断をしない人など存在しないのです。

ところがなかには、とても高い確率で正しい選択ができる人、迷うことなく後悔しない決断ができる人がいます。そして、そういう人たちに共通しているのが**自分の直観を信じる力＝直観力の高さ**なのです。

直観を信じて選び決めることで、自分にとって正しく、後悔しない決断の確率を大きくアップさせる。**直観とは人生における選択と決断の最大の拠りどころとなる能力**です。本書では直観の正体の解説や誤解の解消、その精度を高めるための方法などを、世界中の科学者たちの研究報告や私自身の経験を踏まえながら解説していきます。

そもそも、直観とは何か――人は2秒で判断できる

直観とは何か。その定義は、

「論理的な思考や意識的な観察を介さず無意識に意思決定や判断が行われること」

←

「ここを見よう」「これは何だ」「どちらがいいだろう」と意識して考えずに、見たまま、聞いたまま、感じたままの情報を、普通とは違う経路で脳が処理。そして〝理性が入る前に〟判断という、脳の意思決定をします。つまり、直観とは**「脳の判断の仕方の1つ」**ということです。

実際に行われたこんな実験があります。

被験者にパソコンのモニター上で1枚の写真を1・5秒だけ見せます。そのあといったん真っ白な画面に切り替わり、次に再び先ほどの写真が1・5秒映し出されます。

そして写真が消えたあとで質問が表示されます。

「さっきの写真と今の写真とで何かが変わっていたことに気づきましたか？」と。

実は1回目に見せた写真と2回目とでは、わずかに違う部分があったのです。


たとえば、最初の写真に写っていた人物が、2回目の写真ではメガネをかけている、口ひげを生やしている、ネクタイの色が変わっているというレベルの違いです。

1・5秒というのは想像以上に短くて、多くの被験者が2つの写真の具体的な違いには気づきません。ただ多くの人が、どこがとは言えないけれど〝何かが変わった〟ことはわかると答えているのです。

メガネがなくなったとか、口ひげが生えた、ネクタイの色が違うと変わった部分を明確に指摘はできないけれど、みんな「なんとなく違う」気がするのだと。

このときの被験者の脳をMRIでスキャンして働きを分析すると、「なんとなく違う」と感じたときの脳は、論理的な思考をするときとはまったく別の活動をしていることがわかりました。

私たちがものごとを「なんとなく」で判断するときと、じっくり考えて判断するときでは、脳で行われている情報処理プロセスが明らかに違うということ。
この**「なんとなく」こそが、直観の正体**なのです。

脳が意識して考えてから判断するのが普通の判断で、考えないで判断するのが直観――言ってしまえば、それだけのことです。

何かを決めるとき、よく「考えてもわからないから、直観で決めよう」という人がいます。でも直観の定義から言えば、「よし直観で決めよう」と意識した時点で、すでに脳は思考を始めています。ですからその答えは直観ではなく、自分で考えた結果です。直観とは、「直観で決めよう」と宣言する前、その選択肢を見た瞬間に思い浮かぶ答えのことなのです。

また「直観」と聞くと「ひらめき」「思いつき」「創造性」といった言葉を連想する人も多いでしょう。

分類するならば、判断すべき対象や選ぶべき選択肢があるところで発揮される、いわば「直観的判断力」と、判断や選択の対象がないところでアイデアを引き出す、いわば「直観的創造力」となります。

とはいえ、発揮される状況は違えども無意識の領域で行われる脳のプロセスという意味では両者は基本的に同じものと考えていいでしょう。

さらに「ちょっかん」には「直観」と「直感」の両方の表記がありますが、これも意味合いはどちらも変わりません。そのため本書では「直観」で統一します。

人は誰でも直観を持っている——直観は〝天賦の才〟ではない

直観についての大きな誤解の1つが「直観とは生まれつきの才能だ」という思い込みです。言葉の感覚や世の中のイメージが影響しているせいか、直観というとひと握りの限られた天才や選ばれし者だけに与えられた天賦の才能、超能力のようにとらえられがちですが、それはまったくの間違いです。

今ここで述べたように直観とは脳の意思決定のプロセスの1つです。人間の脳の大きさは平均でわずか1・36キロ程度。しかしそこには、今世界中に張り巡らされているインターネットの処理能力を上回るほどの高度な神経回路が存在し、コンピュータなど太刀打ちできない高い能力が潜んでいるのです。

そして私たちはみな、恐るべき能力を秘めた脳を1つずつ持っています。そう考えれば、**私たちは誰もが直観を持っている**（直観でものごとを判断できる）ことをおわかりいただけるでしょう。


人間にとってもっとも重要な選択は「生命の維持」にかかわることです。自分にとってプラスかマイナスか、得か損か、楽しいか楽しくないかの選択は、もし外れてもそれほどのダメージになりません（もちろん感じ方は人それぞれではありますが）「生き延びるためには、今、何が必要なのか。どちらを選ぶべきか」――こうした命を守るための選択と決断は、冷静な思考や熟考の末になされるよりも、元来人間が持っている本能で無意識のうちに行われます。

突然、向こうから自分の目の前に何かが勢いよく迫ってきたら、本能的に目を閉じたり、避けたりするでしょう。「いったい何が近づいてきたんだろう」「固いものなら危ないから避けなきゃ」などと考えてから動く人はいないはず。

そう、あなただって普段から直観を使っているのです。

思考などすっ飛ばして、すぐに身に迫る危険を避ける――このプロセスはまさに「直観」による行動そのもの。特別な誰かだけではなく、誰もがこうして直観を発揮しているのです。

直観が可能にする「意思決定の速さ」と「後悔のなさ」

直観を使いこなしている人とそうでない人とは、イコール、自分の直観を信じている人か、信じられない人か、ということでもあります。

そして、その違いから生まれるものは何か。それは**決断の速さ**です。

思考を飛ばして瞬時に答えを出す直観とは、つまり超高速で無意識の判断力のこと。**自分の直観を信じることができる人は、とにかく意思決定がスピーディ。**思考をスルーしているから余計なことを考えず、「こうしよう」と決めたら即、行動。信じているから迷わない。

直観は、効果的な決断をすばやく行うのに非常に役に立つのです。

さらにもう1つの大きな違いは**「後悔」**にあります。

もちろん、直観での判断がすべて当たるとは限りません。外れることもあります。ただ、直観を信じている人にとっては、直観が外れてもそれは「自分の信じた判断を自分で最善の判断だと納得してトライした結果」。だから間違いであっても「仕方ない」と受け入れ、切り替えることができます。そして、そこに後悔はないはずです。

ところが直観を信じられず、迷って考えた挙句〝決断できずにチャンスを逃す〟もしくは〝他人任せにして失敗〟という結果になった場合はどうか。

「どうせなら、やっておけばよかった」「自分で決めておけばよかった」「自分ならこうしようと思っていたのに」――同じ失敗でも抱く後悔の念は、直観を信じてチャレンジしての失敗よりは格段に大きいはずです。

自分の直観を信じるとは、結局のところ自分自身を信じるということです。

その判断が正しいか、間違いか――そうした未来のことを100%予測できる人はいません。

ただ、自分の直観を信じることができれば、**「もし間違っていても、後悔しない判断」**ができるのです。

直観力とは自分の直観を信じ、直観を鍛え、直観を日常生活に活かす技術のこと。

この本には、そのためのエッセンスが詰まっています。

あなたの**「なんとなく」は、あなたが想像している以上に、あなたの将来の可能性を大きなプラスに導く〝最強のキーワード〟**になるはず。

さあ、ページをめくってください。

1章 直観を味方にする3つの原則

3章 直観をニブらせる7つのワナ

4章 バイアスを回避するための5つの生活習慣

1
章

直観を味方にする3つの原則

直観を活かすために覚えておくべき事実

直観の正体は、ひとつの脳の意思決定プロセスだということ。
直観は天賦の才脳ではなく、誰でも使える能力だということ。
直観を使えば、後悔しない生き方が手に入るということ。

プロローグで「直観とは何か」について、基本中の基本を解説しました。
ここからは、これまで活かしきれていなかった直観を働かせるために知っておいていただきたい**「直観の原則」**を説明していきます。
ここで解説する3つの原則は、以下のとおりです。

原則①　最強の根拠は「なんとなく」

原則②　直観は「技術」

原則③　「行動」なくして直観なし

敵の正体を知ったら、次はその特性をより詳しく知る。そうすることで、あなたのなかの〝気づかなかった直観力〟をより強く意識できるでしょう。そして直観を味方につけるためのイメージも湧いてくるはず。
〝なんとなく〟自分も直観を活かせそうな気がする——そう思えたらしめたものです。

原則 1

最初の直観は90%当たる

わずか2秒の直観が当たる理由

なんとなく、気になる。
なんとなく、この人とは気が合いそうな気がする。
なんとなく、これを選んだ。
なんとなく、行きたくない。　etc.

――普段の生活のなかでそう感じることが多いこの「なんとなく」という感覚の正体こそが、本書のテーマである「直観」です。

「なんとなく」という言葉の意味を辞書で調べると、「はっきりした理由もなく」とか「明確な理由はないが漠然と」などと書かれています。

理由も根拠もないのなら、直観なんてアテにならないし、「なんとなく」で決めるなんて危なっかしい——果たしてそうでしょうか？

でも「なんとなく」で決めたり、直観で選んだりしたことが結果的に正解だった、という経験をお持ちの方も少なくないはず。

結論から言ってしまいましょう。

私たちが〝なんとなく〟感じる最初の直観は、ほぼ当たります。

イスラエルのある大学の研究でも「人間の直観は90％近い確率で的中する」ことが証明されています。

アテにならないどころか、直観に従って行動したほうがいいと言えるのです。

実は「なんとなく＝理由もなく」ではありません。「なんとなく」という直観には、ちゃんと根拠があるのです。

直観とは、「脳がこれまでインプットしてきた経験や学習のデータベースから、無意識に手がかりやヒントを見つけてそっと教えてくれる答え」のこと。

データベースから引き出してくるプロセスが無意識かつ超高速で行われるため、「ピン！」と思いついたように感じてはいますが、その答えには**「過去の経験の記憶」という立派な根拠や裏づけがあります。**

「なんとなく」とは、その場の思いつきとか「あてずっぽう」といういいかげんな意思決定ではなく、れっきとした脳の論理的思考なのです。

「半年の熟考」より「最初の2秒」

ああでもないこうでもないと迷い、悩み、さんざん考えて決めたけれど、フタを開けたら間違っていた――誰しも、そんな経験があるはずです。

こんな興味深い実験があります。

大学生を2つのグループに分け、一方のグループにはある初対面の教授の授業を1セメスター（1学期・約4か月）受けさせたあとで、「授業内容はわかりやすいと思いましたか」「この教授は有能だと思いましたか」といったアンケートを取りました。

もう一方には、同じ教授の授業を録画した動画をわずか2秒だけ見せて、その印象をもとにして同じアンケートに答えてもらいました。

すると驚いたことに、どちらのグループもアンケートの回答は同じという結果が出ました。**半年近く授業を受けた学生たちも、たった2秒の映像しか見ていない学生たちも、その教授への評価や有能さのジャッジがほぼ同じ**だったのです。


また、ドイツのある研究では、新聞を朗読させるだけで相手の知性がわかるという報告がなされています。事前に知らせずに新聞を渡して「これを読んでください」と3分間朗読させると、それを聞いて感じた直観だけで、かなりの高確率で相手が知性の高い人かどうかを判断できるのだと。

さらに別の研究でも、実際に面接をした場合と、映像で一部だけを見た場合で面接官の判断が変わらないという実験結果が出ています。

これはある採用面接で、直接会って20分程度の面接を行った面接官と、やり取りを一切映さずに〝ノックして入室、面接官と握手して席に着くまで〟だけの映像を見た人とで、面接相手の評価や採点を比較させたもの。

その結果は、実際に面接した人の評価・採点と、ほんのわずかの映像しか見てない人のそれとは、ほとんど一致していたといいます。

ノックの仕方や歩き方、握手の仕方といったものごとに対する人の動きを態度表現といいますが、こうした態度表現は無意識に行われることが多く、非常にごまかしにくいもの。人は、人が無意識に発するものを、無意識に感じ取ることができるのです。

あれこれ面接で質問しなくても、3分間の朗読や数十秒の態度表現で、「この人は賢いな」とか「この人は微妙だな」というのがほぼわかってしまう。

ああでもないこうでもないと迷ったら、最初の直観に従う。**人はわずか2秒程度で感じる〝なんとなく〟の直観だけでも相手をきちんと評価できるのです。**

直観の実験

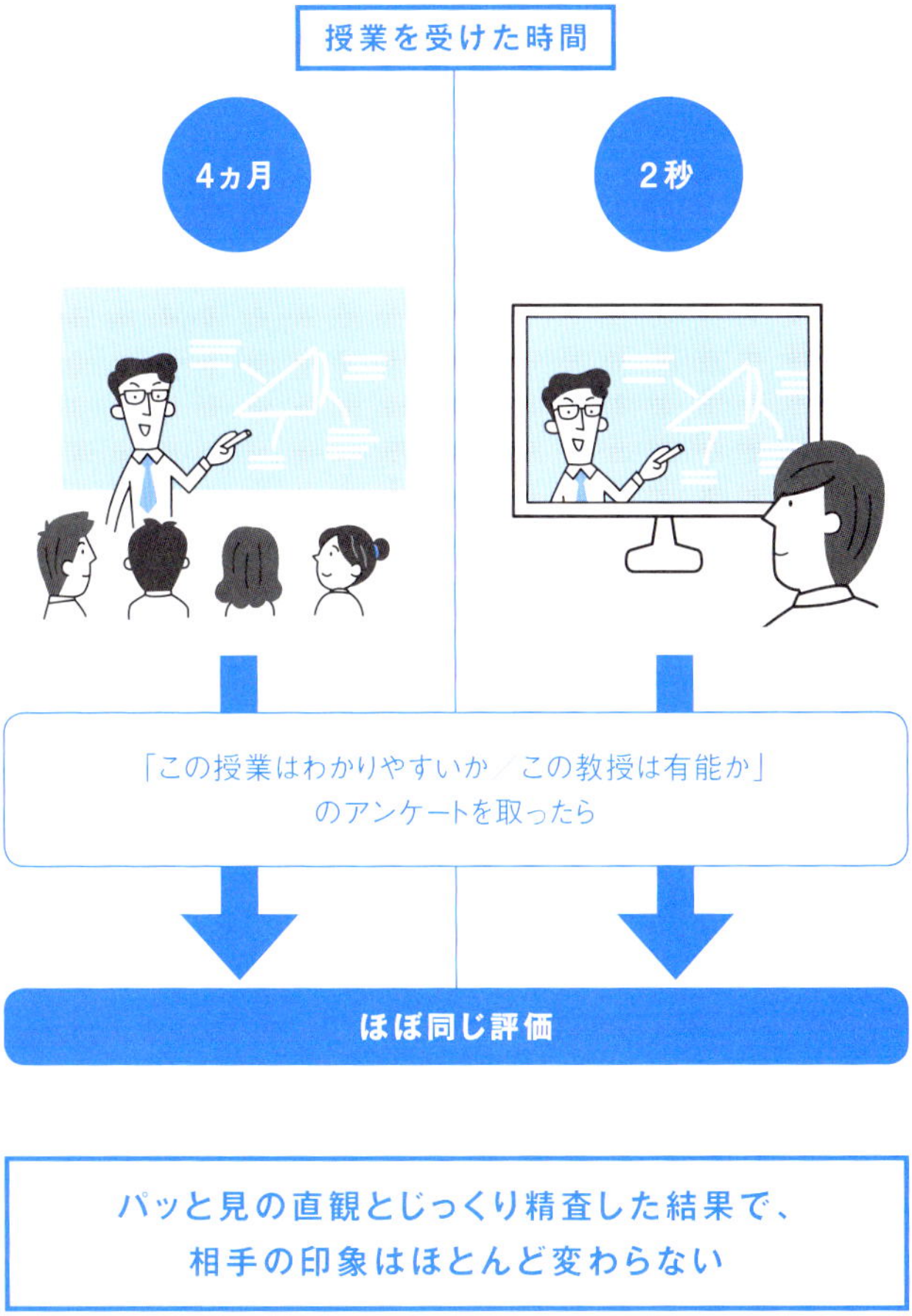
授業を受けた時間
4ヵ月
2秒
「この授業はわかりやすいか／この教授は有能か」
のアンケートを取ったら
ほぼ同じ評価
パッと見の直観とじっくり精査した結果で、
相手の印象はほとんど変わらない

初対面での第一印象は、かなりアテになる

「初対面の人を第一印象で判断するな」と言われます。確かにコミュニケーションにおけるマナーとしては正しいかもしれません。また、初対面ではその人の内面まではわからないとも思うでしょう。

しかし実際は、初対面でも第一印象という直観でほぼ判断できてしまいます。

たとえば、初対面の相手と会った瞬間に、「この人、なんだかいい人そうだな」とか「なんとなくドライで冷たそうな人だな」などとフッと感じたら、多分、あなたのその印象は当たっています。

もちろん、付き合ってみたら第一印象と違ったというケースもあります。「イヤなヤツ」だと思ったけれど、じっくり話したら意外といい人だった、という経験をお持ちの方もいるでしょう。

でも実際には、それはとてもまれな例、レアケースです。実際にカウントしてみれ

ば、初対面でダメな人は結果的にやはりダメ。第一印象どおり、というケースのほうが圧倒的に多いはず。

「初対面では最悪だったのに、実はいい人だった」という経験は滅多にないことなのですが、それがとても印象的な出来事なのでよく覚えていて、しかも頻繁に起こっているように感じているだけなのです。

ですから、**最初に直観で感じたそのイメージを信じたほうがいいのです。**

なぜ直観の第一印象が当たるのか、それには理由があります。

話は原始の時代にさかのぼりますが、人間をはじめとする動物は、目の前に現れた相手が「敵なのか、敵ではないのか」を瞬時に見抜くことによって生存し、発達してきたという歴史があります。

目の前に現れた動物が草食なのか、肉食なのか。自分に危害を加えるのか、加えないのか、を瞬時に直観で判断する。

「なんだか獰猛そうだけど、もう少し様子を見てみよう」などと悠長なことを言って

一瞬で正しい判断を下せるワケ

原始時代より直観で判断する能力が備わっている

いたら、いきなりガブリと食われてしまう恐れだってあるのですから。初めて対峙した相手のことを直観で判断できるかどうかは、生きるか死ぬかに直結していました。

そうした経緯もあって、**人間は初対面の相手と対峙したとき、一瞬の直観で正しい判断を下すことができるようになっているのです。**

一目惚れという直観も信じてよし

第一印象や最初の2秒で相手のことを評価すると書くと、やはり気になるのは恋愛における「一目惚れ」でしょう。よく「恋は〝する〟ものではなく〝落ちる〟もの」などといいますが、恋や結婚という分野で直観はアテになるのでしょうか。

実は、**直観を信じていいものの1つに挙げられるのが「結婚」なのです。**

よく「出会った瞬間に運命を感じた」などと表現されますが、最初に出会った瞬間の〝ビビッと〟くる感覚は、かなりの確率で正しいことがわかっています。

アメリカで行われたある調査では、出会って一目惚れしたカップルの約半数がそのまま結婚し、さらにそのあとの離婚率も男性が約20％、女性は10％以下と驚くほどに低かったという結果が出ています（約50％というアメリカの離婚率を考えれば驚愕の低さです）。またこれとは別に「一目惚れで結婚した夫婦は幸せになる」という研究報告もあります。

こうしたことからも、人が第一印象で感じる直観の精度は非常に高いと言えます。

ちなみに同じ一目惚れでも、男性の場合は女性の「若さ」に、女性の場合は男性の「将来性」に、無意識に反応しがちな傾向があります。

男性が健康な子孫を残すために「若さ」を求めるのに対して、女性は子どもを育てていくために「これから先も継続的に投資してくれるという将来性」を求める。どちらも人間の本能的な目的が直観のプロセスを左右しているのです。

うまくいっている夫婦の一目惚れとは、その瞬間の容姿や経済力ではなく、**相手の若さや健康さ、成長率や将来性にお互いの直観が〝ビビッと〟反応して惹かれ合ったもの**、ということができるでしょう。

さらにフロリダ州立大学が135組の新婚夫婦を対象に4年間にわたって行った結婚生活の満足度や夫婦関係についての調査では、結婚後半年で相手に直観的、もしくは生理的に不満を感じたことがある夫婦は4年経ってもその不満を解消できず、生活の満足度も低いことがわかっています。

つまり結婚生活における満足度や幸福度は、実生活の積み重ねよりも、最初の時点での直観的印象にかなり左右されるということ。

さすがに「最初の2秒」とまではいきませんが、この調査結果も直観レベルの評価によって、結婚生活の幸福度をかなりの確率で予測できることを証明しています。

人はなぜイケメン＆美人にビビッとくるのか

イケメンや美人は十人並みのルックスの人よりも一目惚れの対象になりやすいというのは誰もが納得するところでしょう。

では、なぜ多くの人はイケメンや美人、顔の整った人を好むのでしょうか。これも人間の直観と関係があります。

男女を問わず、人の整った顔、端正な顔、美しい顔というのは基本的に「左右対称」であることが大きなファクターになります。つまり私たちは左右対称の顔を見ると、直観的に「キレイ」「美しい」「イケメン」と感じているということです。

では、なぜ人は左右対称の顔を好むのか。

実は、**左右対称の顔は、その人の遺伝子に欠損が少ないことの表れ**なのです。受け継がれてきた間、遺伝にかかわる病気にかかったことがなく、遺伝子がきれいなほど顔を含めた肉体構造が左右対称になっていきます。

つまり人がイケメンや美人に惹かれるのは、芸術的な美しさを好むのではなく、欠損の少ない遺伝子に反応しているから。**異性と会うとき最初に顔を見るのは、直観的に相手の顔の左右対称具合＝遺伝子状態をチェックしている**のです。

最初に見るのは顔という人が大多数ですが、男性のなかには「オレは最初に胸を見る」という人も少なからずいます。そういう人は直観による遺伝子チェックをしていないのかと思いきや、胸を見るのも理由は同じです。

女性の胸、つまりおっぱいは、肉体のなかでも左右対称性が崩れやすい部位とされています。なので遺伝子の状態をチェックするのにうってつけなのです。

初対面でイケメンや美人に惹かれる理由

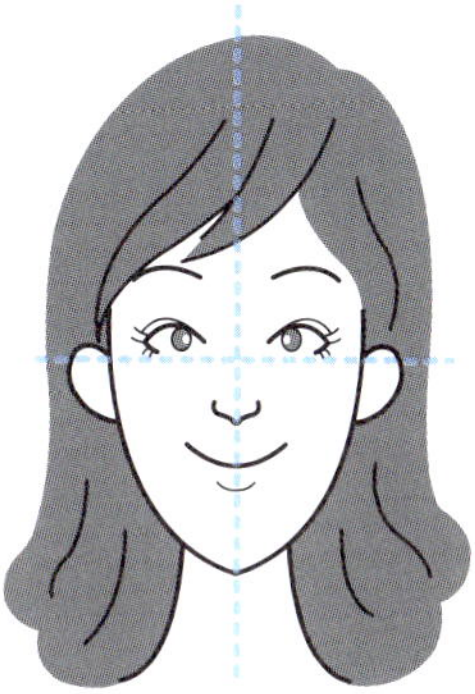

左右対称は遺伝子に欠損のないことの表れ

現代において女性はお化粧をします。つまり顔の左右対称はある程度ごまかせるということ。**顔だと化粧でわからないから、ごまかせない胸の形に関心が行く**――実際にそうした説があります。

いずれにせよ人間の直観は、無意識のうちに相手の遺伝子の状態までを見て取っているということ。直観、恐るべしです。

直観のすごさ――
フライを取る瞬間、直観は微分方程式を解いている

アメリカで人間の適応行動や認知学の研究をしているゲルト・ギーゲレンツァーという研究者は、「直観とは経験と脳の進化によって獲得した能力だ」と言っています。彼は著書のなかで、直観のすごさの例の1つに「野球のフライを取る」という行為を挙げています。

打者がポーンと打ち上げた飛球を走っていってキャッチする。キャッチボールで、山なりのフワッとしたボールをキャッチする。こうした経験は誰にでもあるでしょう。ボールの軌道を見ながら「なんとなくここに落ちてくる」という直観によって落下点に入ってキャッチする。こうした何の変哲もない、誰でもできる行動が、実は脳と直観のとてつもない能力によって生み出されています。

物体がどのように移動してどこに至るかという結果は、物理学に基づいた微分方程式を解くことでしか解明できません。しかも空中を移動する野球ボールの場合は、空

フライを取る＝直観で放物型偏微分方程式を解く

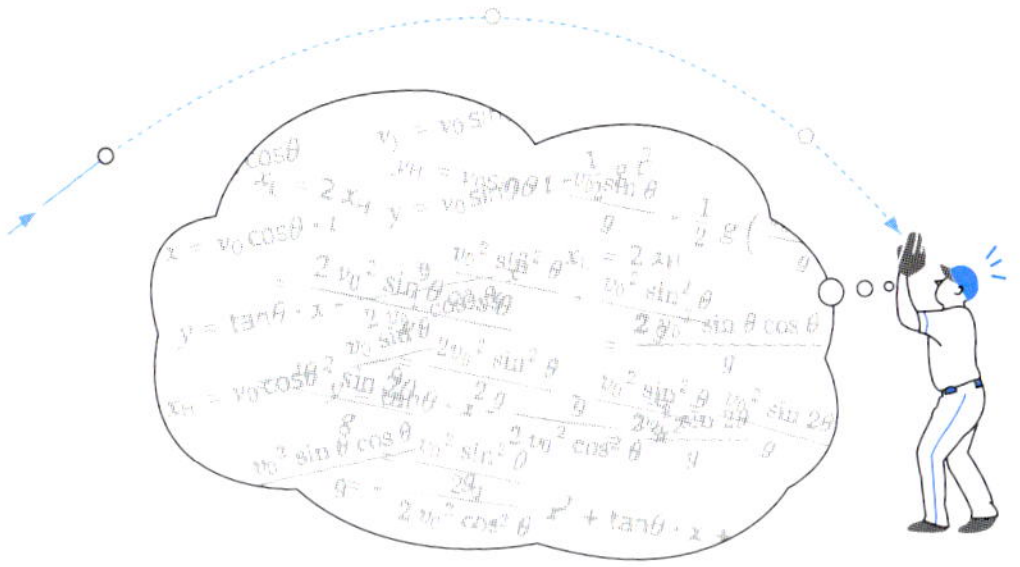

脳で瞬時に複雑な計算をしている

気抵抗の存在もあり、放物線を描く軌道の計算も必要になるため、より複雑な微分方程式になります。

フライを〝何気なく〟取っているとき、人はみな、脳で直観的にものすごく難しい放物型偏微分方程式を解いているのです。

意識してしまうと、こんなに複雑な微分方程式を一瞬にして解くことは相当に優秀な人でも難しいでしょう。それを脳は直観で無意識のうちに解いてしまう。

誰もが持っている〝なんとなくの直観〟は、数学者や物理学者が挑むレベルの高度な計算を瞬時にこなせるほどに優秀なのです。

何でもかんでも直観に頼らない

「なんとなく」という直観は、意思決定や対象の評価における有力な根拠ではありますが、何でもかんでも直観で決めればいいかというと、そうでもありません。直観で決めないほうがいいものもあります。

たとえば**科学的な実験をしたり調査、分析したりして答えが出るものに関しては直観を頼るべきではありません。**

「この薬はこの疾患にどのくらい効き目があるか」といった課題については、直観で決めるよりも、しっかりした実験と分析で判断をするべきです。

「なんとなくだけど、すごく効きそう」という直観(そんな薬は飲みたくありません)よりも実験によって出た答えのほうが正しいのは明白なのですから。

一方で、今まで誰もやらなかった新規分野で事業を始めようとするときは、当然ながら過去の例もこれまでのデータも何もありません。だから何をどうすればどうなるかの分析もしようがない。こういうときは直観の出番です。

分析して答えが出るものは分析しましょう。分析しても答えが出ないものに関しては直観に従いましょうということです。

コロンビア大学の研究では分析で答えが出る課題に関して直観で答えを思いついた場合、その決断を遅らせる、つまり考える時間を設けたほうがいいとされています。

分析できる課題でも、分析をする前にパッと見て「あ、こうだな」と直観で感じることはあります。でもそのときはすぐには直観に従わず、決断を少し遅らせましょうということ。

「あ、こうだな」

が直観だとしたら、

「あ、こうだな。うん、そうだな」

という感じでOK。「この程度なら直観と同じだろう」だと思うかもしれませんが、この研究ではたった50~100ミリ秒というわずかな時間、決断を遅らせるだけでその決断の正確さが格段にアップするといいます。

当然、決断を遅らせることで直観が出した答えが否定されることもあるでしょう。

でも、「待てよ、これはこうしたほうがいいかも――」というように一瞬でも論理的思考が入ってきたら、その段階でその答えは直観ではないとも言えます。

いずれにせよ、**すべての意思決定や評価を直観に頼るのではなく〝適材適所〟で、課題によってアプローチを使い分ける。そうすることで直観はより効果を発揮します。**

まとめ

「なんとなく」は過去の経験に基づいた最強の根拠。あれこれ迷うなら、最初の直観を信じたほうがいい。

原則2

直観は鍛えることができる「技術」

「直観」には〝活かし方〟がある

直観力は超能力ではありません。無意識に発揮されるためにそうしたオカルト的なイメージがありますが、何の土台も素地もないところから突然生まれてくるものではないのです。

直観とは、積み重ねた知識や経験、記憶のデータベースから引き出された答えのこと。科学的根拠のある脳のプロセスなのです。

自転車に乗るときに手足の動かし方やバランスのとり方などをいちいち考えている人はいません。そこで「どうやってバランスとってるの？」と聞かれてもうまく説明できないでしょう。

とはいえ誰もが最初から乗れたわけではありません。子どもの頃は乗れなかったけれど、何度も転びながら練習して乗れるようになり、何度も乗っているうちに上手になって、次第に危なげなく乗れるようになる――多くの人がこうした経験をしていると思います。

その頃の**経験や身体（脳）に刻み込まれた記憶によって、無意識に身体の重心を調整し、無意識に手足を動かしている**のです。

これは、直観によってものごとを判断したり選んだりするのとほぼ同じメカニズムと言えるでしょう。

ヒヨコがオスかメスかを区別する「初生雛《しょせいびな》鑑別師」という仕事をご存知ですか。ヒヨコは「オスは鶏肉用」「メスは鶏卵用」と性別で役割が異なるため、生まれたばかりの段階で性別を見分ける必要があるのだとか。

ただヒヨコの性別を外見だけで見分けるのは非常に難しく、熟練の技術が必要になるのだそうです。その職人が初生雛鑑別師なのです。

彼らは数千羽という膨大なヒヨコでも1羽あたり約2秒という短時間で次々に見分けることができます。しかもその正解率は約99・5％と驚くべき正確さ。動画サイトなどで見てもその光景は圧巻です。


職人の方いわく、見分けるポイントも明確なものというより「かなり感覚的なもの」なのだとか。長年の経験によって2秒という一瞬で直観的にオスメスを見分けることが可能になったということです。

経験と記憶の積み重ねで鍛えあげた**「技術としての直観」**がいかんなく発揮されている仕事と言えるでしょう。

技術としての直観

瞬時にオスメスを見分ける

手足のバランスで乗りこなす

経験と記憶を積み重ねて鍛えあげれば
直観を使いこなせる

つまり直観とは、**経験や記憶、知識を積み重ねれば習得できる**ということ。

無意識に行われる自転車の乗り方やヒヨコの識別が超能力ではないように、**人間の直観による判断や選択、意思決定も、誰もが身につけ鍛えられる「技術」なのです。**

直観がないのではない、信じて活かしていないだけ

第1章でもお話ししたように、人は誰でも直観を持っています。

直観力がある人、直観が鋭い人とは、誰もが持っている直観を「活かしている」人のこと。

自分には直観がないと思っている人は、直観がないのではなく、持っているのに「活かせていない」だけです。


では多くの人が直観を活かせないのはなぜか。

それは「直観を信じていない」からです。

では、自分の直観を信じられないのはなぜか。

それは直観が「理屈で説明できない感覚」だからです。

一般的に**直観とは、論理的な理由づけをせずに意思決定を下す脳の決断プロセスのこと。**つまり理屈や分析などを超えた領域で行われる判断行動です。

理由がないのですから、直観で決めた判断について「なぜ？」と聞かれたところで説明のしようがありません。無理やり理由づけした答えが「なんとなく」なのです。

そして理性的で真面目な人ほど、論理性や常識をものさしにした判断や選択をよしとし、こうした「論理的に説明のつかない」直観を否定してしまいがちです。

確かに直観の判断は、ときに社会通念や世の中の常識とはまったく逆だったり、論理的思考に照らし合わせればまったく不合理だったりすることもあります。

そうした**「説明できないこと＝根拠のないこと」に対する不信感や否定的な思いが、直観は持っているのに信じられない、正しいのに信じきれない大きな要因になっている**と言えるでしょう。

たとえば知り合いから「今の会社を辞めて、こちらに来ないか」と転職話を持ち掛けられたとしましょう。その会社は今よりも有名だし、キャリアアップにもなる。自分の人生においてプラスになりそうなすごくいい話なのですが、話を聞いた瞬間、なんとなく「自分には合わなそうだな」「やめておいたほうがいいかも」という感覚が湧き上がってきました。さて、どうするか。

多くの人は、「なんとなく」という感覚的なものよりも、現実的なメリットを優先して話を受けるという決断をすると思います。

ところが実は、その「なんとなく」を信じられる人、自分の内なる〝**気乗りしていないサイン**〟に従っていい話を断れる人のほうが、結果として〝**後悔しない選択**〟ができる人になり得るのです。

逆のケースでも同じこと。現実的に考えれば何だか危なっかしい話でも、なんとなく「これはおもしろい」「いけるかも」という感覚を感じたら、それを信じて「ＹＥＳ」と言える人のほうが、結果として後悔しないでしょう。

「どうしようかな。やめとこうかな。直観ではこっちがいいと思うんだけど、〝なんとなく〟で決めるのはイヤだ。考えて納得して決めたいな……」と、せっかく自分の脳が直観的に見つけてくれた答え――しかもほぼ正解――を、自分の意識が後から否定してしまう――これが直観を活かせない人の思考プロセスです。

それに対して、**迷ったときは直観に従う。悩んで後悔するくらいなら、最初から自分の直観を頼りにするほうが後悔しない**、という選択をできるのが直観を活かせる人であり、直観がよく当たる人になります。

NBA（ナショナルバスケットボールリーグ）のトップ選手と普通の選手を比べると、トップ選手には「信仰が深い」という共通点があり、普通の選手はそうした特徴がなかったといいます。

トップレベルの選手は、ものすごく神を信じているか、ものすごく〝自分〟を信じているかのどちらかだということ。

神を信じているから神が与えてくれた自分の直観も信じている。自分を信じているから、当然、自分の直観もすべて信じている。どちらも理屈や理由ではなく、自分自身を信じて選択ができるから、直観で「チャンスだ」と思ったときに迷うことなく行動できるのです。

「フォースを信じなさい」――映画『スター・ウォーズ』に登場する神秘的なエネルギー「フォース」は、直観と同じように人間ならば誰しも持っているものと設定されています。そしてそのフォースを活かすには、何よりもまずその力を信じることが大切だと説かれています。

もちろんフォースは映画のなかの架空の力ですが、直観は実際に存在する脳の意思決定プロセスです。

その**直観を最大限に活用したいのなら、いちばん最初にすべきは、まず自分の直観を信じることなのです。**

直観を活かせる人は、最初の直観を忘れない人

直観を信じている人＝直観を活かせている人には「直観を覚えている」という共通点があります。

誰もが感じる〝なんとなく〟の直観や初対面の第一印象はかなりの確率で正しいと話しました。

ところが、直観を活かせていない人の多くは、せっかく感じた最初の正しい印象を忘れてしまうんです。テストで自分が書いた答えを忘れてしまっては、後に自己採点も答え合わせもできないのと同様に、最初の直観を忘れてしまっては、自分の直観が当たったのか、外れたのか検証できなくなってしまいます。

一方、直観を活かせている人は、最初の直観をきちんと覚えています。

たとえば仕事で初対面の人に会ったら、最初のまっさらな第一印象を覚えておいて、

仕事をしたときのその人に対する実際の評価とつけ合わせる。最初の直観で感じた「A」という答えと、実際に仕事をして出した「A」という答えは一致したかどうかを確認するわけです。

もし外れていたら、なぜ外れたのかの原因を考えてみることも大事です。本当に事前情報のないまっさらな状態での第一印象だったか、自分の直観をニブらせる障害はなかったか（直観をニブらせるものについては第3章で後述します）などを検証する――こうした検証を重ねるほど、直観力は鍛えられることがわかっています。

直観を信じ、直観を大事にする人ほど、直観を覚えています。そして当たった直観も外れた直観も、すべてを自分の直観力の糧にしているのです。

チャレンジ

直観日記――

直観はチェックとフィードバックで鍛えられる

「あ、そうか」「何かイヤだな」「これはこっちだ」「こうすればいいんだ」――脳裏に一瞬浮かんだ直観は、昨夜見た夢のようなもの。油断して放っておくとすぐに記憶から消えてしまいます。

何かを直観で決めたり、選んだり、思いついたりしたら、それを忘れてしまわないように記録しておく習慣をつけるといいでしょう。スマホのメモでも手帳でも、何でも構いません。自分の直観を覚えておくことが大事なのです。

私も一時期『直観日記』なるものをつけていたことがあります。

たとえば、初めての仕事を受けたときの印象もそうです。

いちばん最初の顔合わせや打ち合わせに参加したとき、なんとなく感じた直観――

「これはおもしろそうな仕事だな」

「うまくいきそうな気がする」

「楽しく仕事ができそう」とか。

ときには、

「なんか、すぐポシャりそうだな」

「なんとなく面倒なことが多そうだな」

「イマイチ、気分が乗らないな」

ということもあります。


こうした直観で感じた印象をスケジュール帳にメモします。「いいな」「おもしろそうだな」と思ったら◯、「微妙だな」と思ったら△、「ダメそう」と思ったら×、という具合に書いておきます。当然、その場にいる人たちには見えないように。

そして実際に仕事が動き出したあとで、答え合わせをします。最初に書いた記号の横に、直観どおりだったら◎、直観とは逆だったら×を書く。

直観「おもしろそう」〇 → 実際「やっぱりおもしろかった」◎
→ 実際「思っていたのと違った」×
直観「なんかダメそう」× → 実際「やっぱりダメ」◎
→ 実際「すごくよかった」×

さらに「こんなときは当たった」「こういう状況では外れた」「人の印象だと当たる」といった自分なりの〝考察〟をつけておきます。そして別の機会ではその考察をもとに直観を記録し、当たるかどうかを検証する、という具合です（今はやっていませんが）。

「イヤなヤツだな」と思われるかもしれませんが、直観を鍛える（直観の精度を上げる）ためには、こうした「直観の答え合わせ」と「フィードバック」が非常に重要なトレーニングになるのです。

先読み能力で予測と現実のズレを検証する

この仕事にはどれくらい時間がかかるか。
今、最優先すべき作業はどれか。
この案件ではどんなトラブルが起こり得るか。
最終的にキーパーソンとなるのは誰か。

仕事がデキるビジネスマンたちは総じて、起こりうる出来事を予測し、準備し、行動する能力、いわば非常に高い**「先読み能力」**を持っています。クイーンズ大学のジュリアン・バーリングという人の研究では、「やる気のあるビジネスマンは、自分が毎日、どれくらいの仕事をしているか、きちんとチェックする習慣を持っている」ことがわかっています。

今日はどのくらい仕事が進んだのか。

今日中にクリアする予定でクリアできなかった仕事はどれか。

どのくらいできなかったのか。


デキるビジネスマンは、こうしたその日1日単位の非常に短期的なレベルで自分の仕事の進行具合をチェックしています。

さらにデキる人は、もう一歩進んで、

「本当はこれくらい終わらせるはずだったのに、実際にはこんなにかかってしまった。それはなぜだろう」

と、**自分の予測と現実のズレを検証**するのです。

そしてたとえば
「あの仕事は30分で終わると思ったけれど、やってみたら1時間かかった。オレは単純な事務作業を『パパッとできる』と思い込む傾向があるな。読みが甘かった。次は時間配分を考え直そう――」

などと考えながら、**先読みする能力＝直観を鍛えているの**です。

予想して、実際に行動して、予想が外れたらその原因と対策を考えて、次の予想にフィードバックする。こうした積み重ねが自分の無意識の感覚、直観の精度を上げていきます。

最初に話したとおり、直観は技術であり、直観は鍛えられる。鋭い人はそれ相応のトレーニングをしているのです。

まとめ

直観は誰もが持っている能力であり、鍛えられる「技術」。
直観を活かすには、まず自分の直観を信じること。

原則 3

直観が鋭い人は、すぐ行動している

「行動」なくして直観なし

直観は「誰もがみんな持っているもの」、そして「直観による判断はだいたい正しい」ことは前述したとおりです。

それなのになぜ多くの人が「自分には直観力がない」「自分の直観は当たらない」と思ってしまうのか。直観がよく当たる人と、外れてばかりの人にはどんな違いがあるのでしょうか。

その答えは**「直観に従って行動するか、しないか」**にあります。

行動しなければ、直観は〝なかったこと〟に

たとえば、ゴルフを始めようと思い立って、初心者が通えるゴルフ教室を探しているAさんとBさんのふたりがいたとします。

あるとき、ふたりは新聞の折り込みチラシで『○○駅近に練習場完備のゴルフ教室オープン！　初心者大歓迎』という広告を目にしました。

そして、ふたりとも広告を見た瞬間、「あ、この教室よさそうじゃない？」とピンときたとします。ふたりとも直観が働いたわけです。

さて、問題はここからです。

「ピン！」ときたあとに、Aさんは「善は急げ、だ。今日の夜にでもレッスンの見学に行ってみよう」とすぐに行動に移しました。

一方のBさんは、

「いや、まだほかにいい条件の教室があるかもしれないから探してみよう」と思って

直観が当たる人と当たらない人

朝

夜

体験レッスンに行かず 別の教室を調べる	その夜すぐに 体験レッスンに行く

自分に合うかわからない

↓

直観がよかったのか わからない

自分に合うかわかる

↓

直観がよかったのか わかる

別の教室をチェックし始めました――。

このAさんとBさんの行動が、そのまま直観が当たる人と当たらない人の決定的な違いになります。

なぜ多くの人が「直観が当たらない」と思うのか。それは**直観がないのではなく「あるのに試さない」から**です。

「まかぬ種は生えぬ」という言葉があります。読んで字のごとく、種をまかなければ何も生えてこない、何もしなければ何の結果も生まれないという意味です。

そもそも未来のことは誰にもわかりません。当然、直観も発揮されている時点では当たっているか、外れているかはわからないのです。

先の例で言えば、「ピン！」とはきても、本当に自分に合ったゴルフ教室かどうかは「行ってみなければわからない」ということ。

もし本当にいい教室だった場合、すぐ行動するAさんは、その教室と出会うことができますが、「今はいいや」と動かないBさんは、いい教室と出会うチャンスを逃してしまいます。

つまり「直観を活かせるのがAさん、活かせないのがBさん」ということ。Bさんのように**直観を感じても、それに従って行動しなければ、せっかくの直観が〝なかったこと〟になってしまう**のです。

行動してみなければ、直観が正しいかどうかわかりません。そしてどんな正しい直観でも、行動しなければ当たるはずがありません。

そう考えれば、**直観が鋭い人とは、「自分の直観に従って行動できる人」のこと。直観が当たらない人とは、直観を感じても何やかんやの理由で「行動に移さない人」**のこと。それだけの違いなのです。

直観はトライアル回数の多いものの勝ち

直観に従ってすぐ行動するだけでなく、その直観が違うと思ったら「すぐに修正する」ことができるのも、直観が鋭い人＝直観力のある人に共通している傾向です。

人の直観が正しいのは〝だいたい〟であって、もちろん100％ではありません。どんなに直観が鋭いと思われている人でも、100％的中するわけではないのです。

たとえば、経営者としての才能だけでなく、時代の流れを読む〝先見の明〟という直観力にも優れていたアップル社のスティーブ・ジョブズ。天才と呼ばれた彼でも、その直観はすべてが当たったわけではありません。

Apple社のタブレット『iPad mini』ですが、ジョブズは生前、「『iPad mini』は絶対に公開しない。そんな市場はない」と言って、発売にずっと反対していたといいます。ところが、周囲の説得によって自分の直観をすぐに修正して発売、結果として『iPad mini』は大ヒットしました。

ジョブズも然りですが、直観力がある人は直観で決めてすぐに行動し、ダメだったらすぐ修正、それでもダメならすぐ撤退して、また次の直観ですぐ行動する——腰が軽くて、フットワークがいいため何度もトライアルできます。つまり、直観を試すチャンスがたくさんあるということ。**トライアルの機会が多ければ、それだけ直観が当たる可能性も高くなります。**


一方、直観力がない人は、じっくり考えてから行動。ダメだと思ったら、そこからまた熟考して修正する。撤退するときはさらなる熟考をします。そのため直観のトライアルを重ねる機会が少なくなり、結果として直観がなかなか当たらないのです。

「すぐ行動、すぐ修正で、何度もトライアル」か。

「じっくり熟考、じっくり修正で、わずかなトライアル」か。

直観が活かせるか、活かせないかの違いには、自分の直観が正しいかどうかを試してきたトライアル回数の差が大きくかかわっています。

先のゴルフ教室の例で言えば、直観を活かせるAさんは、もしその教室に行って「何か違う」と思ったら、すぐに直観を修正して別の教室を探すでしょう。そうやってトライアルを繰り返すうちに「直観どおりの教室」が見つかります。

その結果、何度かの間違いはあったけれど、最終的には「Aさんは直観でいいゴルフ教室を見つけた」「直観が当たった」ことになります。

じっくり探しているBさんは「ピン！」とくるたびに時間をかけるため、いくつも教室を回れず、思うような教室となかなか出会えません。それは結果として「直観を活かせていない」ことになるのです。

失敗したら直観に立ち戻る勇気

直観に従った行動ができず、または直観を信じられず直観とは違う行動を選択して、結果として失敗したとき、人は誰でも後悔します。「ああ、やっぱり最初に思ったとおりにしておけばよかった」と。なぜ直観を信じて従えなかったのかと。

こうしたことは、まさに「直観力がないと思っている人」によくあるパターンだと思われがちですが、そうでもありません。

実は、直観が鋭い人も同じようなケースを数多く経験しています。ただ、違うのは「ああしておけばよかった」という後悔のあとにとる行動です。

直観を活かせない人は、後悔するだけでそのままやり過ごしてしまうでしょう。

ところが**直観を活かせる人は、直観に従わずに決めた判断が間違っていたと気づいた瞬間、最初の直観に立ち戻る**のです。


たとえば、休日にブラリと映画を見に行ったとします。そのシアターでは『A』と『B』、2本の新作が上映されており、どちらを見るかの選択を迫られました。

なんとなくの直観では「『B』のほうがおもしろそう」と感じたのですが、一応スマホでレビューを読んだところ圧倒的に評価が高かった『A』を見ることに。

しかし、いざ映画館に入って見始めたら最初の数分で「うわ、思ったのと違う。失敗した」――さて、あなたならここでどうしますか。

「チケット代を払っちゃったし、まいいか」と残り2時間近くを映画館で過ごすか、「それなら『B』を見てみよう」と、思い切ってサッと席を立つか。

直観力のある人は、ここで後者の行動を選択します。最初の直観に従わなかった失敗を受け入れ、すぐに修正する行動をとる。この段階ですでに〝直観を活かせている〟ということができます。

直観を活かせる人とは、最初の直観に従って行動する勇気がある人、そして最初は従えなくてもいつでも直観に戻る勇気がある人なのです。

見直した『B』がおもしろければ、結果的に「自分の直観は正しかった」と証明できるのですから。たとえ『B』がイマイチでも、こうしたトライアル、**トライ&エラーを繰り返すことができる人は、直観が当たる確率がアップしていく**――直観力が身についていくのです。

さらに『B』がイマイチだったこと、つまり最初の直観が外れたということを覚えておいて、その失敗経験を次に役立てる。

なぜあのとき『B』を選んだのか。

そこには直観以外の別の影響はなかったか。

そういえば『B』のテレビCMがかなり印象に残っていたよな。

もともと『B』のジャンルが好きだったよな、オレ。

そうか、直観以外の理由に流されたかもしれない。次に映画を見るときは、もっとまっさらな状況で選んでみよう――

トライ&エラーに、こうしたフィードバックという行動が加わることで、より直観は磨かれていきます。

100%を求めず、70%で〝見切り発車〟する

「これだ！」と思ってもいったん立ちどまり、データを分析し、周囲の意見を慎重に検討し、不安要素を取り除いて、自分のなかで「これなら大丈夫だろう」という確信を持てるまで吟味してから、ようやく行動に移す。

直観を活かせない人、直観で行動せずにチャンスを逃すことが多い人によく見られるのが**「慎重になり過ぎるがゆえに腰が重くなる」**という傾向です。

こうした「慎重にやりたい」とか「万全を期したい」という発想は、直観とは真逆のもの。直観による行動を足止めする考え方と言えます。

これに対して直観を活かしている人には、総じて「とにかくやってみよう」という行動傾向があります。あれこれ考え、悩み始める前に、とにかく動いてしまう。

未来のことは誰も予知できないのですから、直観が当たるかどうかはわかりません。

それでも直観に従う場合、何かが起こるリスク、直観が外れるリスクなど、相応のリスクが存在するのは当然です。

でも直観を活かしている人は、そのリスクを背負うことを厭《いと》いません。多少のリスクは織り込み済み。それでも、とにかく行動するほうを選択します。

多くの人が「時期尚早なのでは？」「リスクが大き過ぎるんじゃない？」と立ちどまる横で、彼らはさっさと走り出します。

リスクを気にして行動を先延ばしにするよりも、多少のリスクは覚悟の上で、もしくはものともせずに「とにかく、やっちゃえ」と行動に移すことができる。つまり、**直観力のある人は「見切り発車の達人」なのです。**

もちろん彼らがまったく何も考えないということではありません。ただ考えるのは「自分の直観を信じていいか」「この直観は信じられるものか」、そして「これは直観で決めていいことかどうか」ということ。直観が外れたときのリスク対策を考えているわけではないのです。

直観が磨かれる人の行動パターン

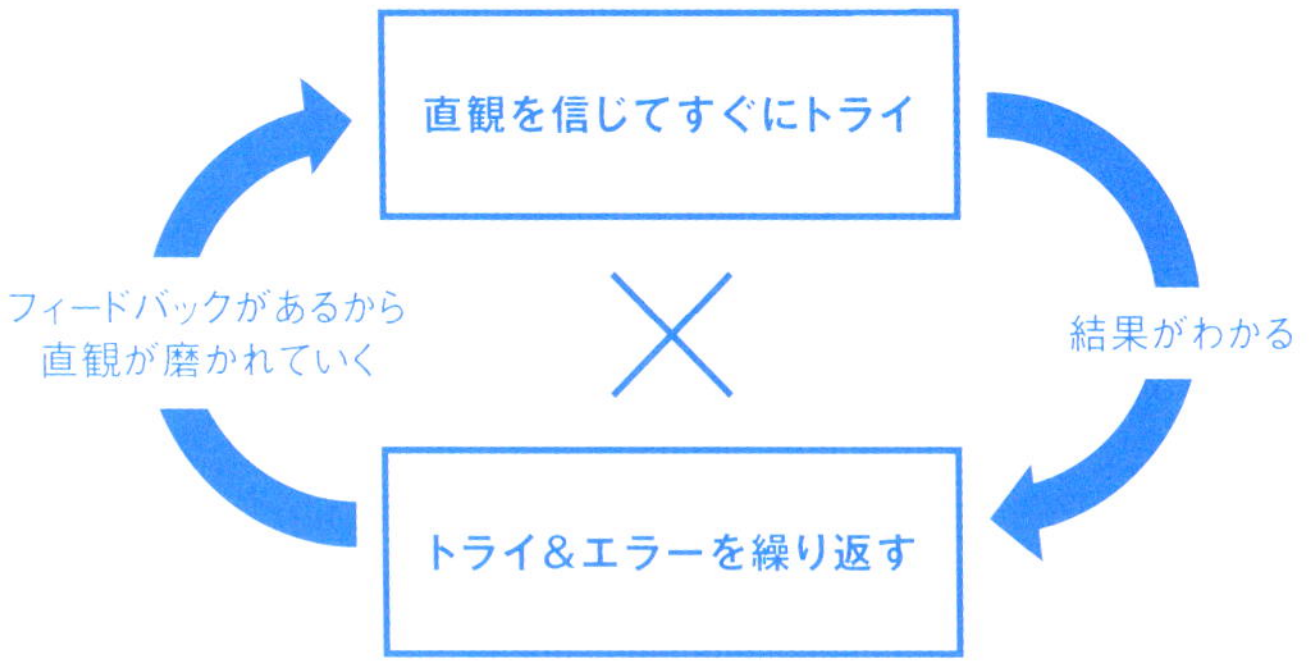

ものごとの判断や決断に完璧を求めず、それだけ考えたらすぐ行動する。１００％まで考えず、70%くらいで思考をとめて見切り発車する。

残りの30%は直観を信じて行動する。そして、違っていたらすぐ修正する。

今すぐ出発したほうがいいと直観で思ったら、ガソリンは70%でも発車するか。それとも燃料切れのリスクを考えて満タンまで入れてから行くか。

この段階ではどちらが正解かはわかりません。未来のことは神のみぞ知るのです。

ただひとつ言えるのは、**直観が磨かれていくのは、「走り出したら何か答えが見つかるだろう」と考えて、直観に従ってすぐトライできる人**だということです。

まとめ

ピンときても行動しなければ、直観はないのと同じ。直観を活かせるのは〝腰の軽い〟フットワークのいい人。

2章

直観力がアップする7つの条件

直観が発揮されやすい様々な環境を検証する

誰でも持っている直観ですが、直観には「より発揮されやすい」条件があります。直観にとってよりよい状況を用意することは、直観力を効果的にアップする近道になります。

ここでは直観が働きやすくなる条件として、7つのファクターを挙げました。すぐに実践できそうなことはすぐに、積み重ねが必要なことは今から。無意識の直観を働かせるために〝意識的に〟できることを知って、条件や環境を整えましょう。

直観がアップする7つの条件

多くの知識・経験

クリエィティブな視点

脳の余裕・心の安定

損得よりも
楽しさ&おもしろさ

仲間やライバルがいる

一芸に秀でる

脳にメリハリを

条件1

プロ棋士は直観で次の一手を打つ

多くの知識・経験

直観の源は、積み重ねた知識や経験。自分の脳に蓄積された知識と経験のデータベースから引き出される答えが直観です。何のタネもまいていない土からは芽が出ないのと同じで、学習や経験という種をたくさんまいてある土だからこそ、直観という芽が出るということです。

たとえば将棋や囲碁のプロ棋士の人たちは、対局での「次の一手」を直観で決める

ことが多いといいます。盤面の状況から瞬時に最善の一手を選ぶことができるのは、まさに直観のなせる業と言えるでしょう。

彼らの**直観を裏づけているのも膨大な量の専門知識と経験**です。

プロともなれば、それまでに積み重ねた対局の回数も相当なもの。プロ棋士の脳には、その圧倒的な量の経験によって、膨大な盤面パターンが蓄積され、無意識のデータベースがつくられています。このデータベースがあるからこそ、直観が生まれます。目の前の盤面状況を観察したときに、**データベースから脳が最適と思われる一手を〝反射的に〟選び出してくれる**のです。

人工知能の父と言われているハーバード・サイモンは、チェスの名人は盤面をほんの数秒間で記憶できるという研究結果を自著で発表しています。

その名人は、実際のチェスの対局盤面を5～10秒間だけ見ただけで、間違えることなくそのすべてを再現することができたといいます。

これも、それまでの経験によって名人の脳に膨大な盤面パターンが蓄積されているからこそできること。経験値のなせる業なのです。

無類の本好きで〝読書命〟の私は、書店で本を物色するのが何よりの楽しみなのですが、最近では手に取った本を開いてザッと見た瞬間に「ああ、これは読まなくてもいい本だな」「今のうちに読んでおいたほうがよさそうだ」と判断できるようになってきました。その本の行間とか文章の密度など、パッと見ただけで「だいたいこういう本だ」と直観でなんとなくわかるのです。

これも、あらゆるジャンルの本を大量に読んできた知識と経験によって生じる感覚。たくさん読んでいるからこそ働く直観なのです。

オールマイティに直観が鋭い人はいない

先のハーバード・サイモンの実験では、もう1つ興味深い結果が出ています。

対局中の盤面をすべて再現できるチェスの名人に、今度はチェスの駒をランダムに並べて覚えさせたところ、名人はその盤面を記憶できず、初心者と同じくらいにしか再現できなかったといいます。

ルールに則った配置は経験値があるから覚えられるけれど、ルールを無視したデタラメな配置だと、今度は経験値がジャマをして覚えることができなかったのです。

つまり、ある分野での直観は、その分野のエキスパートほど発揮しやすいということ。逆にいうと、そのエキスパートも、**学習や経験のない分野では一気に直観力が下がってしまう**のです。

対局では天才的な直観で次の一手を指せるプロ棋士でも、まったく専門外の分野、たとえば料理の味付けなどに関しては普通の主婦よりも直観が働かない。当然でしょう。

直観が鋭いと言われている人でも、ある特定の領域ではその鋭さを発揮できるけれど、「常に、どんな分野でも鋭いわけではない」ということができるのです。

たとえば私なら、専門である心理学や大好きな読書といった分野。そこでは知識と経験の多さから、前述した書店での本の識別のように、直観はより正しく、より鋭く働くでしょう。

でも別の分野だと話は変わってきます。
よく「それだけ相手の心が読めるなら、野球を見ても投手の配球を読んで予測できるでしょう」などと言われるのですが、さすがにそれは無理。なぜなら、私は野球に関しては知識も経験もありません。だから試合中の投手を見たとき、直観で心理状態は読み取れても、次に投げる球種を予測することはできないのです。

直観で何度も万馬券を当てている人にしても、その直観は積み重ねた競馬の知識と経験という土台があってこそ生まれてくるもの。何もないゼロから湧いて出るようなヤマカンで当たるビギナーズラックとはまったく別のものなのです。

ギターを弾いている人なら、どのくらいの強さで弦を弾けば、どのくらいの音が出るか直観でわかります。でも、初めてギターを弾く人やほとんど経験のない人は、それがわからない。だから音の大きさがバラバラで揃わなかったり、キレイな音が出なかったりします。

ゴルフをずっとやっている人なら『このスイングで、このくらいの力で打てば、どの方向に、どのくらいの距離で飛ぶか』が直観でわかりますが、初心者はそれがわからない。だから空振りしたり、とんでもない方向に飛んだりします。

でもギターもゴルフも練習して知識と経験を積み重ねることで、少しずつその直観が働くようになってくるでしょう。

「チャンスは準備している人にのみ訪れる」というのはフランスの生化学者ルイ・パストゥールですが、**その分野について学習や経験でしっかりと準備ができていることは、直観を発揮する上でとても重要な条件なのです。**

まとめ

知識と経験があってこそ直観は生まれる。

何もないところから湧いて出るヤマカンは直観にあらず。

条件 2

常識を覆す創造性が直観を生む

クリエイティブな視点

ここに1本のペンがあります。このペンを自由に使ってください。

こう言われたとき、多くの人は、

「このペンで何を書こうか。手紙？　詩？　小説？　絵？　模様？――」

「このペンで何に書こうか。ノート？　コピー用紙？　チラシの裏？――」

などと考えるでしょう。その底辺に「ペンは文字や図を書くもの」という固定観念があるからです。

それに対して、

「このペン、文字を書く以外の使い方はないのかな」

「もっとおもしろい使い方があるんじゃないか」

と考える人もいるでしょう。


同じものを見ても、それをそのままの形でとらえる人と自分なりにアレンジしてとらえる人がいます。一般的には前者のような見方をする人が多いなか、普通と違う角度からそのものを見ることができるか。見ようという発想があるか。

常識や当たり前をひっくり返してみるというクリエイティブな発想は、直観力をアップするために非常に大切なファクターになります。


「オレは常識的なことしか思いつかない。そんなクリエイティブな発想はできない」

と思った人、そんなことはありません。

常識とは違う、常識を覆すモノの見方にはコツがあります。それはまず**「常識」や「一般通念」を理解し、認識すること。**この例で言えば、「ペンは文字を書く道具」であると理解していることです。

そして、それを踏まえた上で「どうすれば変えられるか」という角度からアプローチする。そこで初めて、常識をひっくり返すクリエイティブな発想が生まれるのです。「文字を書く道具」だからこそ「書く以外の使い方」を考えるアプローチができる。そもそもの常識を知らなければ、それをひっくり返すこともできないということです。

地球が太陽の周りをまわる地動説を唱えたコペルニクスは、太陽系や惑星に関する基礎知識を熟知し、当時の常識だった「天動説」を理解した上でクリエイティブな視点からまったく逆のアプローチを行い、天文学者の直観で地動説を発表しました。

また、皮膚や筋肉などの細胞に4つの遺伝子を加えるだけで万能細胞をつくることができる——iPS細胞の作製に成功してノーベル生理学・医学賞を受賞した京都大学の山中伸弥教授も、「いったん皮膚や筋肉、血液などに変化した細胞は万能細胞にはなり得ない」という生物学の常識を熟知した上で、その常識を覆すという誰も考えてなかったアプローチを行いました。その結果が4つの遺伝子の発見へと繋がっていったことは想像に難くありません。そしてそこには研究者としての直観も大きく寄与していたと考えられます。

また近年、アドラー心理学が流行しています。その要因の1つとされているのが『嫌われる勇気』（ダイヤモンド社）という大ベストセラーの存在でしょう。では、なぜ『嫌われる勇気』がこれほどヒットしたのか。要因はやはり、心理学の本によくある学術的な解説書ではなく、1対1の対話形式のストーリーにしたという発想の斬新さにあることは間違いありません。

原作者でアドラー心理学の第一人者である岸見一郎先生は、実はもともとギリシア哲学の研究者です。

直接お聞きしたわけではないので、対話形式が先生ご自身のアイデアなのかどうかはわからないのですが、ギリシャ哲学を専門としていたならばギリシャ神話にも精通しているはず。その専門知識から「ストーリーならばより共感を得られるのではないか」という発想が生まれたということは十分に考えられます。

つまり、アドラー心理学という分野における常識も知っていながら、そのアドラー心理学を「ギリシャ哲学」という別分野からの視点で見ることで、まったく新しいクリエイティブな作品が生まれたと言ってもいいでしょう。

まずは常識的な要素を知り、次にその問題を別の角度から見る。そうしたクリエイティブな視点が、新しい発見を生む直観の土台になります。

まとめ

前から見ていたものを横から、裏から、上下から見る。
常識を知った上で常識を覆した先に直観は生まれる。

常識を覆すモノの見方のコツ

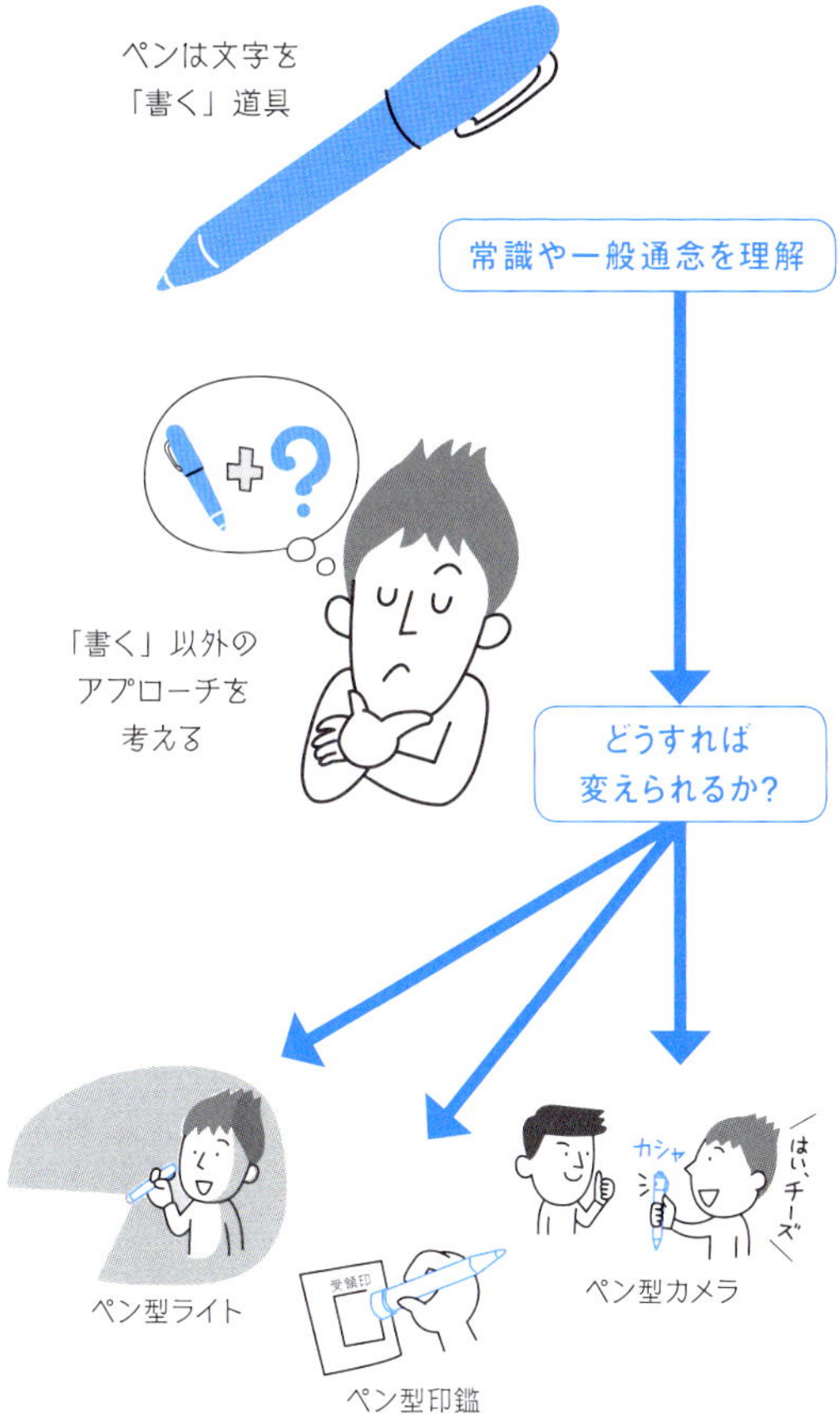

**クリエイティブな視点が
新しい発見を生む直観の土台になる**

条件3

直観に耳を傾ける余裕を持つ

脳の余裕・心の安定

デキるビジネスマンはＴｏＤｏリストを上手に活用していると言われます。

タスク管理、時間管理、ミス防止などＴｏＤｏリストに高い有用性があることは、多くのビジネス書などでも述べられているとおり。

実はこのＴｏＤｏリストには、もう１つ「直観が働きやすくなる」という大きな有用性があることをご存知でしたか。

いうまでもなくＴｏＤｏリストの最大の利点は「今日やるべきことが明確にわかっ

ている」ということ。リストにある仕事をクリアしていけば、やり忘れも重複も、勘違いの心配もありません。今日はこれを終わらせればいいとわかっているから、「次は何」「あとはどれ」などと余計なことを考えることもない。つまり、それだけ脳に余裕ができるということです。

そこで、**この脳の余裕が、直観を働かせるための重要な条件**になります。やるべきことを淡々とこなしていく。脳がほかの雑事に惑わされることもない。こうした余裕のある状態のときに、ふと「あのときのアレ、もしかしたらこうじゃないか」とか「そうか、こうすればいいのか」といった直観が働きやすくなるのです。やることが整理されて脳に余裕があるから、直観が生まれやすく、生まれた直観に気づきやすくなるわけです。

ところが、やることをちゃんと把握しないまま「よーいドン」で仕事を始めてしまうとどうなるか。

1つの作業を終えるたびに「次、何をやらなきゃいけないんだっけ？」「あとは何が必要なんだっけ？」「これは今日じゃなきゃダメなんだっけ？」——ということに脳の労力が持っていかれ、大きなストレスになってしまいます。

脳が常にバタついて落ち着かない状態では、直観も働きにくくなります。よしんば何かしら直観が生まれたとしても、脳にストレスが多ければその直観に耳を傾ける余裕もないでしょう。

ビジネスにおける**ToDoリストとは、ただ単に作業効率を上げるためのツールではなく、直観をより鋭く働かせるため、直観を見逃さないために、脳の余裕をつくるツールでもあります。**

これは明日からでもすぐにできる直観力アップの条件整備の1つ。ToDoリストによる「やることの明確化」をぜひ実践してみてください。

直観を鋭く働かせるためのツール

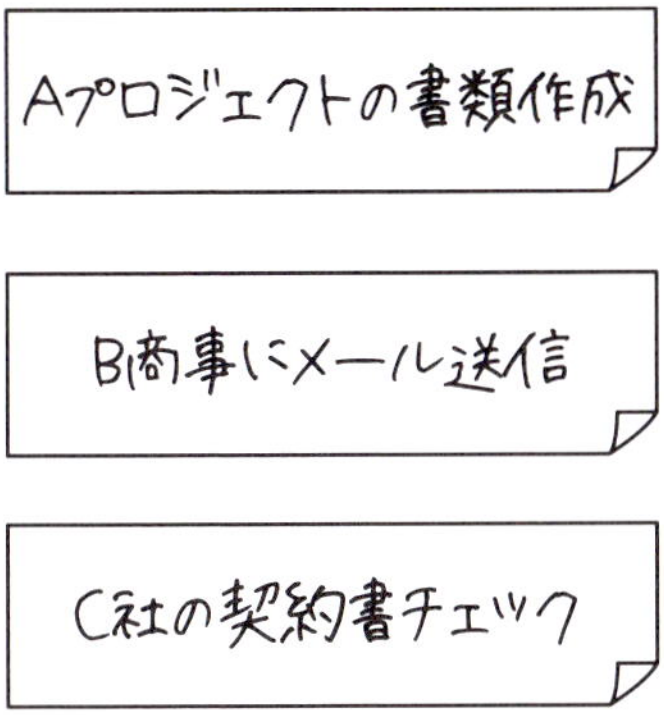

付箋に今日やることを書き出して
手帳に貼って
ToDoリスト化しよう

タスク管理
時間管理
ミス防止

→ **やることの明確化**

＋

解決の糸口
発想の転換

→ **直観力UP!**

リスクをとるほど直観はニブる

ペンシルベニア大学で最年少終身教授の称号を持つアダム・グラントが、起業した人に関するおもしろい統計を取っています。

それは、「今の会社を辞めて〝本業〟として起業した場合と、本業は続けたまま〝副業〟として起業した場合とでは、後者のほうが倒産リスクは33％も減る」というもの。

起業するなら、会社を辞めて、すべてを投げうって起業するよりも、本業は本業で残しておいてあくまで副業で起業したほうがいいということです。

実際に、大きな成功を収めた起業家の多くは、副業からスタートしています。

たとえばあの有名な『ナイキ』。ナイキ創業者フィル・ナイトの前職は会計士で、ナイキを創業してから約8年間は会計士の仕事を続けていました。当時はスポーツシューズの販売よりも会計士の仕事で生活していたといいますから、当初、ナイキの仕事は〝副業〟だったのです。

グーグルを立ち上げたラリー・ペイジとセルゲイ・ブリンも、システムのアイデアを思いついてから2年間は並行して大学院生を続けていました。

つまり人間は、**生活が安定して心に余裕があるからこそ、リスクも取れるし、挑戦もできるということです。**

安定と余裕がないままでリスクばかりを取っていると、肝心の土壇場のときになって決断がニブります。どこかでその決断と安定した生活とを天秤にかけてしまうのです。

その結果、自分の直観を信じた決断を貫き通せずに、凡庸なことしかできない――こうしたケースが非常に多く見られます。

これは後にも出てきますが、人間は成果を求め過ぎると、失敗を恐れて創造性が低下する傾向があります。**すべてを投げうって不退転の決意で、背水の陣で、失敗できない状況でものごとに臨むとき、人の直観は働きにくくなります。**というより、慎重になり過ぎて、直観による決断を信じて貫き通すことができなくなってしまうということ。

直観を働かせやすくするための脳の状態

脳にストレスがかかると
直観が働かない

フラットだと
直観が働く

できる限りリスクの少ない状態、足元が安定している状態をつくる。これも、自分の直観に正直になるための大きな条件と言えるでしょう。

どちらも脳にストレスがかからないフラットな状態を保つことが、直観力をアップさせるポイントです。

ちなみに「ストレスを感じたら1分間まったく違うことに意識を集中する」というのはストレス学者のマニング・ルビンによる、脳のストレスや不安を低減するための効果的な方法です。

違うことというのは、たとえば

●大好きな人とハグをする
●大好物を食べておなかがいっぱいになったところを想像する
●自分が有名人になってチヤホヤされている想像をする
●映画の主人公になった自分を想像する
●人生のなかでいちばん輝いていたときを思い出す
●窓から外を眺める
●大好きな曲をハミングする
●つま先立ちで1分間ガマンする

といったこと。心に余裕がないときに、ぜひ試してみてください。

まとめ

タスク整理による脳の余裕と、リスク回避による心の安定。正しい直観は、ストレスのない脳から引き出される。

条件4

「好き」が動機だと直観がついてくる

損得よりも楽しさ&おもしろさ

仕事や勉強など行動の原動力となる動機が何に基づいているかを「動機づけ」といいます。

これには2種類あり、「その行動そのものが好きだから」「それをすることが楽しいから」という自分の純粋な思いに基づいたものを「内発的動機づけ」といいます。

一方、報酬が与えられるとか評価されるといった見返りに基づいているものを「外発的動機づけ」といいます。「利益を出さなきゃ」「ノルマをこなさなきゃ」という制約や条件も外発的動機づけに含まれます。

そして、**内発的動機づけによって行動している人のほうが、圧倒的に直観が鋭かったり、直観的にものごとがひらめいたりする**ということがわかっています。

ハーバード・ビジネススクールのテレサ・アマービル教授が、美術系の学生たちを対象にして行った実験があります。

学生たちに美術作品を作成させるのですが、学生の半数には事前に「専門家が審査で作品を評価する」と知らせ、もう半分の学生にはそのことを伝えませんでした。

すると、審査されることを知らなかった学生たちのほうが、より芸術的で創造性の高い作品をつくったという結果が出たのです。

これは**「審査され、評価される」という外発的動機づけよりも、自分がつくりたいものをつくるという内発的動機づけのほうが創造的なアイデアが生まれやすい。直観も働きやすい**ことを証明した事例とされています。

数人で起業したばかりのベンチャーだった頃は斬新な製品ばかりつくっていたけ

ど、企業規模が大きくなったら何だか普通になってしまった――こうしたことは往々にしてあるもの。

とにかく新しいものを世に出したい、おもしろいものをつくりたいといった真っ直ぐな、**自分の夢や理想に忠実な思いでものごとに臨んでいるとき、人は直観を発揮しやすくなっています。**直観が働いていい仕事ができるとき、人は「楽しい」とか「おもしろくしたい」という思考や発想で臨んでいるということです。

ところがそこに「業績が上がるから」「給料が上がるから」「有名になれるから」という動機に意識が向いてしまうと、直観は働かなくなってしまいます。

儲けるためだけに仕事をしているとか、試験に合格するためだけに勉強しているといった外発的動機づけによって行動している人は、直観がニブくなって新しいものやおもしろいことを思いつきにくく、凡庸な思考や発想しかできなくなると言えるのです。

自分の幸せを求めるとき、直観は鋭くなる

ただし、外からの評価や報酬といった外発的動機づけがすべてダメということではありません。確かに、ただ高く評価されたいだけ、人より多い報酬を得たいだけという単純な動機で行動すると直観はニブってしまいます。

しかし、その評価や報酬の先に何があるか、最終的に何を求めて行動しているのかによっては、直観は鋭くなることもあるのです。

わかりやすくいうと、**人は自分の幸せを求めて行動しているときほど直観が鋭くなる**ということ。

ただ、何をもって「幸せ」とするかはその人次第。ここでいう幸せとは「主観的な幸せ」という意味です。

つまり、周囲や社会が定義する客観的な幸せ（たとえば物質的、経済的な豊かさなど）ではなく、あくまでも「その人にとっての幸せ」、主観的な幸せのことです。

日立製作所でＡＩ（人工知能）開発に携わっているチームによる研究では、人の主観的な幸福感は、クリエイティブなパフォーマンスに大きく影響することがわかっています。

幸福感を持っている人は、そうでない人に比べて3倍もクリエイティブになり、仕事の生産性が37％も高くなるのだと。そのほかにも年収が高く、昇進も早い。プライベートも充実し、心身ともに健康で寿命も長い――と、いいことだらけなのです。

ただ昇進したいとか年収を増やしたいだけではなく、その先にある主観的な幸せを求めて行動しているとき、**「自分はこんなふうに幸せになりたい。そのためには何をすべきか」を考えて行動しているとき、人は直観が鋭くなり、クリエイティブになります。**

ただ報酬を増やしたいではなく、そのお金で何がしたいか。

ただ昇進したいだけでなく、リーダーになったら何がしたいか。

預金口座の数字が増えることだけを楽しみにしている人よりも、稼いだお金で海外

直観を高めるための動機づけ

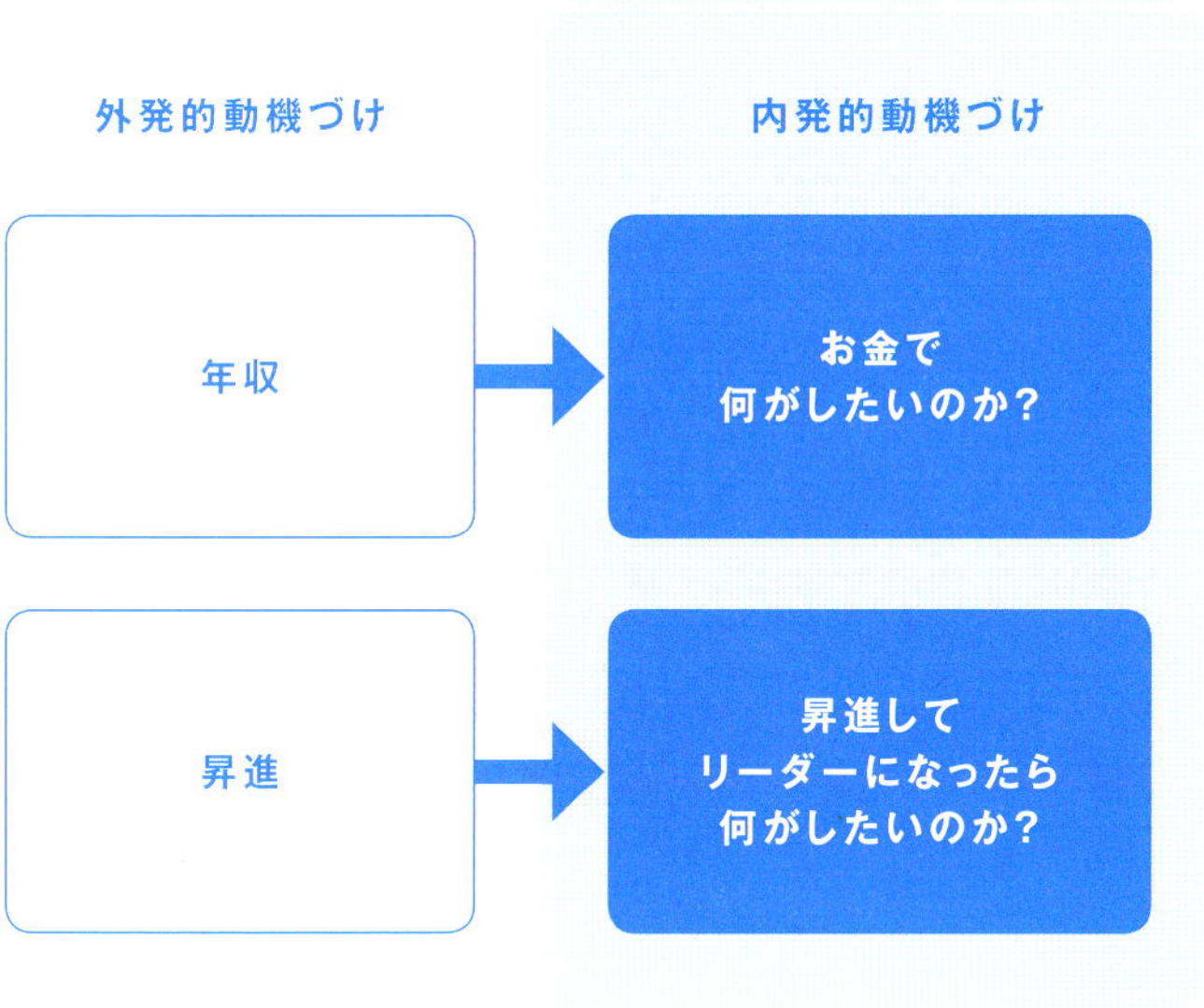

主観的な夢や幸せを考えるときに直観は高まる

に移住したいという夢がある人。

周囲から「社長、社長」と呼ばれたいために昇進したい人より、自分で会社を動かして叶えたい夢がある人。

仕事と割り切ってやるより、楽しみながらやる、自分の幸せのためにやる人。

クリエイティブな直観は、そんな人に宿るのです。

直観は「自分」を貫き通す強さに宿る

直観と聞くと「発明」を連想する人も多いのではないでしょうか。

「1%のひらめきがなければ、99%の努力は無駄になる」というのは発明王と呼ばれるトーマス・エジソンの言葉です。

19世紀後半、蓄音機の実用化によって名声を得た彼は、そのあとも電話やレコードプレーヤー、活動写真など生涯で約1300もの発明をしています。

そのなかでよく誤解されているのが白熱電球。「白熱電球」はエジソンのもっとも価値ある発明とされていますが、実は、白熱電球そのものを最初に発明したのはイギリス物理学者ジョセフ・スワンという人で、エジソンではありません。

エジソンは寿命が短かったフィラメント部分を改良して商品化したことで有名になったのです。

エジソンは耐性の高いフィラメント素材を探すために、膨大な物質を使って数えきれないほどのトライアルを繰り返しました。京都の竹が使われたのは有名な話です。

「竹を使う」という1％のひらめき（直観）を引き出すために、エジソンは膨大なトライアルという「99％の努力」を地道に行っていたのです。

よく「発明家は失敗したあとでも頑張る」「失敗は成功の母」などと言われます。

どんなに障害があっても、どんなにリスクがあっても、どんなに失敗しても、こうと決めたらとことんやり抜く。周囲がどうとか、世の中がどうとかには関心を持たず、自分がやろうと思ったことを貫き通す。

こうした姿勢もまた、「内発的動機づけ」だからこそなのです。収入や昇進といった外からの評価から、こうした折れない心は芽生えません。

一度直観が外れたくらいで、「やっぱりダメだ」と心折れてしまうのでは、いつになっても自分の直観を信じることができません。

何度直観が外れても、そのたびに新しいトライアルを求める貪欲さ。それを「楽しみ」「おもしろさ」ととらえるポジティブさ。

ブレない信念、折れない心、たゆまぬ努力、圧倒的な集中——「1％」の直観は、揺るぎない自分への自信に宿るものなのです。

まとめ

好きこそカンの鋭かれ。
直観を呼ぶのは「自分の楽しさ」「自分の幸せ」。

条件5

直観は孤独より、高め合う仲間を好む

仲間やライバルがいる

天才は孤独である――直観がずば抜けて鋭い天才肌の学者や芸術家、先見の明が高く時代を読むひらめきに長けている経営者。〝天才〟と呼ばれる人たちには「孤独」とか「孤高の人」「人間嫌い」といったイメージがつきがちです。

我が道を突き進むためには、周囲から与えられる影響を拒絶する。友人知人を遠ざける、人付き合いを避け、ある意味社会と切り離された環境に身を置くことで、独自の創造性を高めているのだと。

ところが、アメリカの心理学者のディーン・キース・サイモントンが行った調査で、私たちがイメージするような〝孤独な天才〟は、実際にはほとんどいないことが判明しました。

創造性が高く直観力もずば抜けている天才ほど、他者から教えられたり、挑戦を受けたり、激励されていたりしていたのです。

直観とは無意識に呼び起こされる心の声のようなもの。EQ※の高い人こそ、自らの内なる心の声を信じることができる、つまり直観を活かすことができる人とも言えるのです。

ここでいう「孤独ではない」は、「友人が多い」とはニュアンスが異なります。友人というよりは、お互いに切磋琢磨できる相手、議論したり刺激を与えあったりできる相手、いわば「ライバル」のような存在がいるということです。

たとえばアインシュタインには量子力学を巡って議論を戦わせたデンマークのニールス・ボーアという物理学者がいました。アインシュタインがノーベル物理学賞を受

※EQ…… Emotional Intelligence Quotientの略で、心の知能指数と呼ばれているもの

賞した翌年の1992年に同じ賞を受賞したボーアは、アインシュタインの最強のライバルと言われています。

天才画家として名高いピカソも、仕事のとき以外では芸術家の仲間たちと頻繁に交流をしていたといいます。

また将棋の羽生善治さんにも「東の羽生、西の村山」と並び称されながら、若くして亡くなった伝説の天才棋士・村山聖さんという存在があったのです。

自分に対して刺激を与えてくれるライバルの存在がいることで、天才的な直観やひらめきに磨きがかかるということです。

直観力アップの条件という意味では、友だちが100人いるということではなく、**ただ1人でもそうしたライバル的存在がいることが重要なのです。**

まとめ

天才は決して〝孤独〟ではない。ライバルの存在が直観力を高める。

条件6

専門バカにならず、趣味を極める

一芸に秀でる

ある1つの分野では知識も経験も豊富なエキスパートほど直観が鋭くなるのは、すでに述べたとおりです。ではその分野のことは異常なほどに知識があるけれど、ほかのことはからっきしダメという、表現はよくありませんが、いわゆる〝専門バカ〟はみな直観が鋭いかというと、実はそうでもありません。

ノーベル賞を受賞した研究者や科学者は、それこそ研究だけに没頭して専門分野を極めている人たちのようなイメージがあります。でも実は、彼らのなかには**舞台芸術に携わっている人が非常に多い**ということはあまり知られていません。

これはアメリカ・ミシガン州立大学が行った調査なのですが、舞台芸術の鑑賞が趣味だったり、自ら舞台で創作活動をしたりしている科学者は、そうでない一般の科学者と比べて、22倍という圧倒的な高確率でノーベル賞を受賞しているのです。

舞台芸術だけでなく、**音楽を趣味にしている科学者は2倍、美術は7倍、工芸は7・5倍、文筆は12倍と、芸術関係の趣味を持っている科学者は総じてノーベル賞の受賞率が高い**ことがわかっています

こうした傾向は科学者や研究者に限らず、発明家や起業家などを対象にした別の調査でも同様の結果が得られているのです。

人間の脳は、膨大な脳神経細胞が繁密に、複雑に絡み合ったネットワークによって形成されています。そのため、1つの能力が活性化してあるレベルにまで達すると、それに連なっているほかの能力も連鎖的に活性化することがあります。この働きを**「汎化《はんか》作用」**と呼んでいます。

早い話が、**1つの分野での能力が伸びると、それとは直接関係のない別の分野の能力も伸びてくるということ。**

ノーベル賞を受賞した科学者たちは、舞台芸術などの趣味に夢中になることで研究の分野でも大きな成果を出しています。

プロ顔負け、玄人はだしの趣味を持っている人、ずっと続けている趣味のある人など、本業以外で〝一芸〟を極めている人は、汎化作用によって脳が活性化されるため、より鋭い直観力やより高い創造力などを発揮できるのです。

棋士の羽生善治さんは将棋だけでなく、ボードゲーム全般を趣味としていることでも知られています。なかでも熱心に取り組んでいるのがチェス。しかもチェスを始めて2年ほどで全日本の大会で優勝、海外のグランドマスターたちを破り、現在（2017年2月24日現在）も日本ランキングで堂々の2位という素晴らしいポテンシャルには驚くばかりです。

ゲームの性質が類似しているとはいえ、羽生さんにとって本業は将棋で、チェスはあくまでその合間にやっている趣味。でも、趣味であるチェスをここまで極めているからこそ、本業の将棋にフィードバックされるものも多いはずです。チェスという違う刺激によって、将棋の対局での脳の働き、次の一手を決める直観もより鋭く磨かれているのではないでしょうか。

自分の得意分野で直観を発揮するためには、その分野の学習や経験を積むことはとても重要ですが、それにも増して大事なのが、その分野とは別のことにも興味を持つこと。

専門分野とはまた別の刺激を受けることで脳内では脳細胞の新しいネットワークが形成され、新しい回路がたくさん繋がっていきます。こうした脳内ネットワークの広がりが直観を生むのです。

まとめ

専門バカよりも、玄人はだしの趣味がある人。〝専門外の刺激〟が直観を引き寄せる。

条件 7

集中↓ストップ↓リラックス＝直観

脳にメリハリを

直観がより働きやすい状況をつくるには、直観の源泉でもある脳をいかに活発に働かせるかという視点が欠かせません。そして、そのために重要なのが**脳への刺激にメリハリをつける**ということです。

ある問題や課題に対して直観的に「こうすればいいんじゃないかな」と感じるときはそれに従うこともできますが、すべての判断や決断にそうした直観が働くわけではありません。

問題を目の当たりにしても何も感じない。判断や決断に迷っているとか、アイデアが浮かばないというとき、私たちは考えて悩んで「行き詰まる」わけです。

人は一度行き詰まると、ただひたすら悩み、迷い、考え続けて堂々巡りになり、なかなか最善の回答を思いつけなくなります。脳も疲弊してしまい、直観を呼び起こすことも難しいでしょう。


こうした行き詰まった状況のなかで直観を働かせるには、思い切って**「思考を一度とめる」**という発想の転換、逆転のプロセスが非常に大事になります。

なぜなら直観は「無意識」に行われる意思決定であり創造的発想だからです。つまり、「決めよう」「選ぼう」「思いつこう」という意識を持って思考している段階で、すでに直観が出てくる余地がないということ。

意識的にそのことを考えずにおくことで、新たな直観が生まれてくるのです。行き詰まっているときには何もひらめかず直観も働かないのに、ちょっと休憩して思考から離れて、散歩したり、お茶を飲んだり、お風呂に入ったりしているときに、なぜか

脳をリラックスさせて直観を働かせるコツ

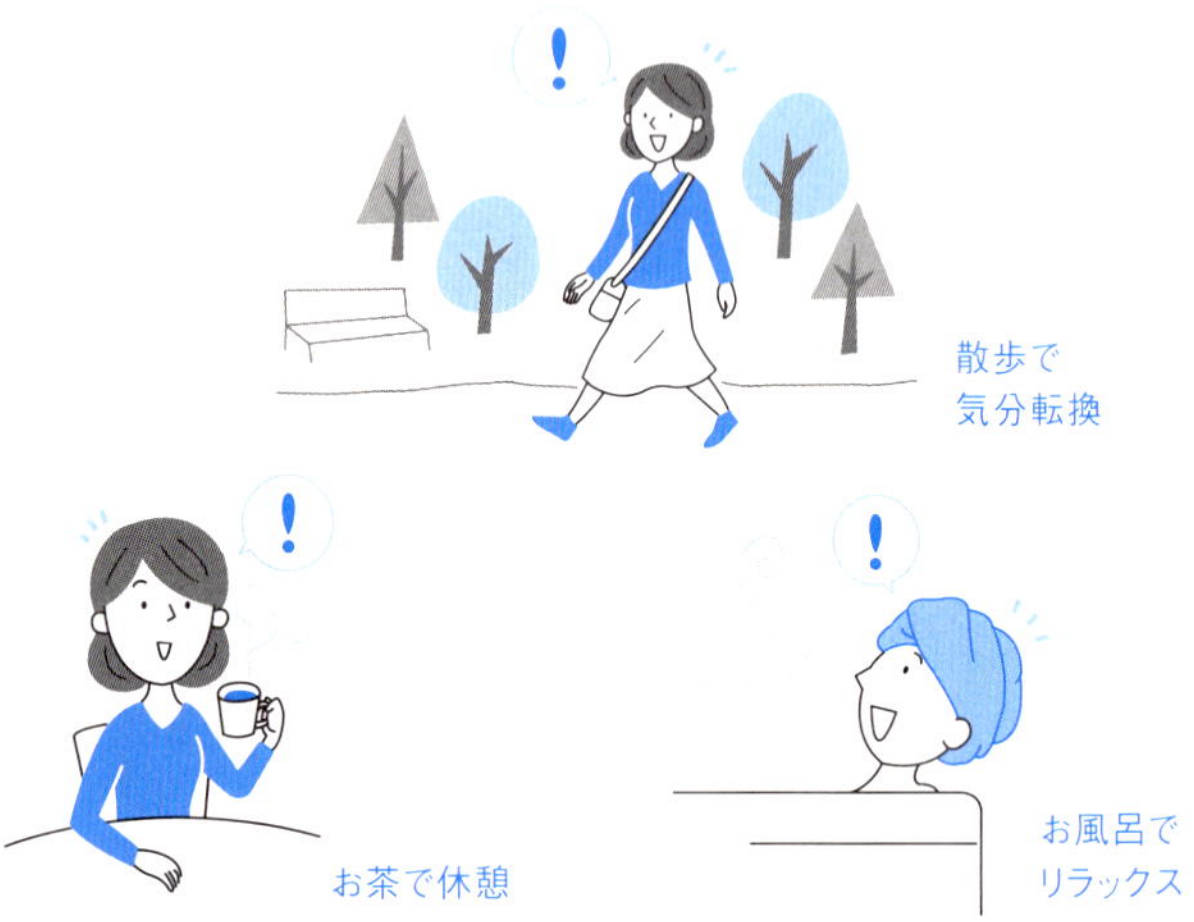

「あ！」とひらめく。「そうか、こうすればいいんだ」と思いつく。「なんだ、そういうことか」と気づく――こうした経験はありませんか。

行き詰まったら、一度リセットする。心を一度、フラットに戻す。このメリハリが直観を呼び寄せる大きな条件になります。

直観が鋭い人たちは、「ずっと考え続けても直観は生まれない。脳にメリハリをつけてこそ生まれてくる」ということを知っているのです。

「CSRE」――直観が働きやすくなる4つのサイクル

脳にメリハリを与えて直観を発揮しやすくするためには、次のような「思考ステップ」を踏むことが効果的です。

① **集中して思考する　Concentrate**
② **思考を一度とめる　Stop**
③ **リラックスする　Relax**
④ **ユリイカ（＝見つける＝直観で感じる）　Eureka**

言葉の頭文字を取って、直観のための4つのサイクル「CSRE」と呼びます。

緊張と緩和、動と静、温と冷――脳にこうしたメリハリを与えて自分の無意識に働きかけることで、直観が生まれる環境を整えられるのです。

① 集中して思考する　Concentrate

最初のステップは「集中」です。

考え過ぎは脳を疲弊させて無意識の領域の働きをニブらせますが、考えなさ過ぎでは、脳は働きようもありません。

やはり、目の前の判断すべき問題、選ぶべき選択肢、創造すべき課題に関して集中（Concentrate）して考えるというステップは不可欠です。

弓を思い切りギリギリまで引き絞って放った矢は速く、強く、遠くまで飛びますが、適当なところで手を放してしまうと勢いもなく、遠くへも飛びません。

同じように、最初のこのステップが中途半端だと、いい直観もひらめきも湧いてこないのです。

まずは、**その問題以外のことは何も目に入らないくらいにわき目もふらず、精力を傾けて集中して考える。考え抜くことが大前提**です。

直観は論理的思考を飛ばして思いつく意思決定プロセスではありますが、何もないゼロから湧き出てくる超能力ではないこと。直観とは脳が無意識に過去の知識や経験のデータベースを照会することで生まれてくるものだということ。これらについてはすでに何度も述べました。

とすると、今行き詰まって直観が働かないのは、必要な知識や経験が不足しているからということも考えられます。ならば**思い切り集中して、知識や情報のインプットを増やすという方法も効果的**ということになります。照会するデータベースは多いに越したことはないのですから。

いくつもの選択肢があって、どれか1つに決めなければならないのに、「どれがいいか、どれが正しい選択か迷って、決めきれない」という場合なら、**その選択や決断の根拠になるであろう情報をもっと集めたり、意識して自分の知識や過去の経験を検索したりするのです。**

私の場合、ある新しいテーマで本を書こうと思い立ったら、そこからだいたい3日間くらいは、そのテーマにまつわることだけを集中的に勉強します。専門書を読んだり、論文をあさったりと、徹底的に新しい情報をインプットする。**ほかのことには目**

もくれず（軽い運動や食事、睡眠くらいはとりますが）、脳がそのテーマのことばかり考えている状況をつくり出すのです。

こうした脳を意識的に、積極的に、思い切り働かせるというプロセスが、のちの直観の発揮に繋がっていきます。

② 思考を一度とめる　Stop

次のステップは文字どおり、その問題について考えるのを一度やめることです。デカルトも『方法序説』で言っています。徹底的に集中したら、スッと力を抜く。思い切り集中して考えたら**「いったん休憩！」と、スパッと思考を完全に停止させる。**

脳が疲弊して行き詰まる前にやめるのが理想ですが、ずっと行き詰まってドツボにハマっているときも、それ以上無理に考えずにいったん考えるのをやめてみる。集中的な思考の真っただ中にある脳の緊張を緩めてあげましょう。

集中の後の弛緩。このステップが脳を活性化に導くメリハリをもたらします。

③ リラックスする　Relax

④ ユリイカ（＝見つける＝直観で感じる）　Eureka

思考をストップさせて脳の緊張が緩んでいる状態は、いい換えれば脳がリラックスしているということ。散歩したり、音楽を聞いたり、お風呂に入ったり——リラックスする方法はさまざまですが、**そのことを考えずにただボーッとするだけでも脳の緊張は緩みます。**

気をつけたいのは、「考えるのをやめたつもり」「リラックスしているつもり」でも、実は頭の片隅でそのことをずっと考え続けているというケースです。

中途半端な集中はよくないと述べましたが、ここでも同じ。やめるならやめる。考えないと決めたら、そのことは一切考えないという思い切りが必要です。

そのようにリラックスした状態にあるときこそ、考えても考えても出てこなかった直観がフッと生まれてくるものなのです。

何もしていないのではなく、直観を待っている

とくに真面目で責任感の強い人ほど、思考をとめてリラックスしているのに、そこで別なことをしようとする傾向があります。日本人はその典型かもしれません。リラックスしている間はイメージ的に「何もしていない」ように思えてしまうのでしょう。問題を解決しなければいけないのに、何もしないのはけしからん。ならば少しでもほかの仕事を片づけておこう、とばかりに別の作業を始めてしまう。

しかし、それは間違いです。

思考をとめてリラックスする、仕事を離れて散歩したりお茶したり、音楽を聞いたりする――こうした時間は、ただ遊んでいるとか仕事をサボっているということではありません。何もしていないように見えますが、このプロセスは非常に重要な意味を持っています。

一回思考をとめてリラックスしている間、脳のなかでは何が起きているか。脳の無意識の領域では、それまで一生懸命に集中してインプットした新しい情報が既存の知識や経験などと融合されて、脳のデータベースが再整理・更新されているのです。

言ってみれば**「脳内データベースの熟成期間」**と言っていいでしょう。

無意識の領域で、さまざまなデータが追加され、更新されることでデータベースはより厚みを増し、そこから**脳が検索・照会の処理をして、適切な答えを「直観」という形で引き出してくれるのです。**

ところがここで、ほかの仕事、とくに別の直観を活かすような作業を持ってくると、脳はただ待っているだけというわけにはいきません。その作業のために働き始めます。

しかし人間の脳は1つのことにしか集中できません。2つ以上のことを同時に考えられるようにはできていないのです。

そのため脳が別のことに集中してしまうと、せっかく熟成したデータベースから待ち望んでいた直観の答えが導き出されても「脳が気づかない」＝ユリイカが起きないという状況さえ起こり得るのです。

人事を尽くしたら、そこから生まれる天命（直観）を見逃さないように待つ。

意識的に脳を働かせないリラックス状態とは、ただ脳を休ませる時間でもムダに過ごす時間でもなく、やがて生まれてくる直観の「待ち時間」なのです。

アインシュタインは難しい数式に取り組んで行き詰まると、全部放り出して最強のライバルと呼ばれたニールス・ボーアという物理学者の研究室まで、とくに理由もなくフラリと遊びに出かけたそうです。

そして、遊びにいく途中で「そうだ！」とヒントを思いついては、慌てて家に戻ったことも多いのだとか。

また、遺伝子内のＤＮＡを超高速で増殖させるポリメラーゼ連鎖反応（ＰＣＲ法）という手法の開発によってノーベル化学賞を受賞したキャリー・マリスというアメリカの生化学者がいます。

彼がこのＰＣＲ法のアイデアを思いついたのは研究中ではなく、研究の気晴らしで出かけた彼女とのドライブの最中だったというのは有名な話。車をとめてアイデアをメモした彼は、その場に彼女を残したまま研究室に戻ったという逸話もあります。研究に明け暮れる日々のなかで、ふと思考をとめてリラックスした状況になったとき、偉大なる直観が生まれたということでしょう。

ホッとひと息ついた瞬間に名案が浮かぶ。集中から解放されてボーッとしているときに今まで気がつかなかったことに気づく。考えてばかりでも、考えなさ過ぎてもダメ。直観よ、降りてこい。何か思いつけ、と意識してはダメ。

徹底的に思考して、スパッと思考を停止して、きっちり脳をリラックスさせる。意識的に引き出せないからこそ、無意識が活性化するタイミングをつくって、直観が引き出されるのを待つ――決して難しいことはありません。

脳にメリハリを与える「CSRE」は、誰もが実践できる直観力を高めるための思考サイクルということができます。

チャレンジ

直観を磨く生活サイクル――サーカディアンリズム＋「CSRE」

人間の体には「朝、日の出とともに目覚めて、日中は活発に活動し、日が落ちて夜になると眠くなる」という、原始の時代から続けてきた自然な生活サイクルを基にしたリズムがあります。

これを**「サーカディアンリズム」**といいます。私たちの脳や体の様々な機能は、約24時間周期で繰り返されているサーカディアンリズムに合わせて機能するようになっています。

125ページのグラフは、サーカディアンリズムに合わせた「脳の活性度」を示したもの。

これを見ると私たちの脳の能力は、

サーカディアンリズムと脳の活性度

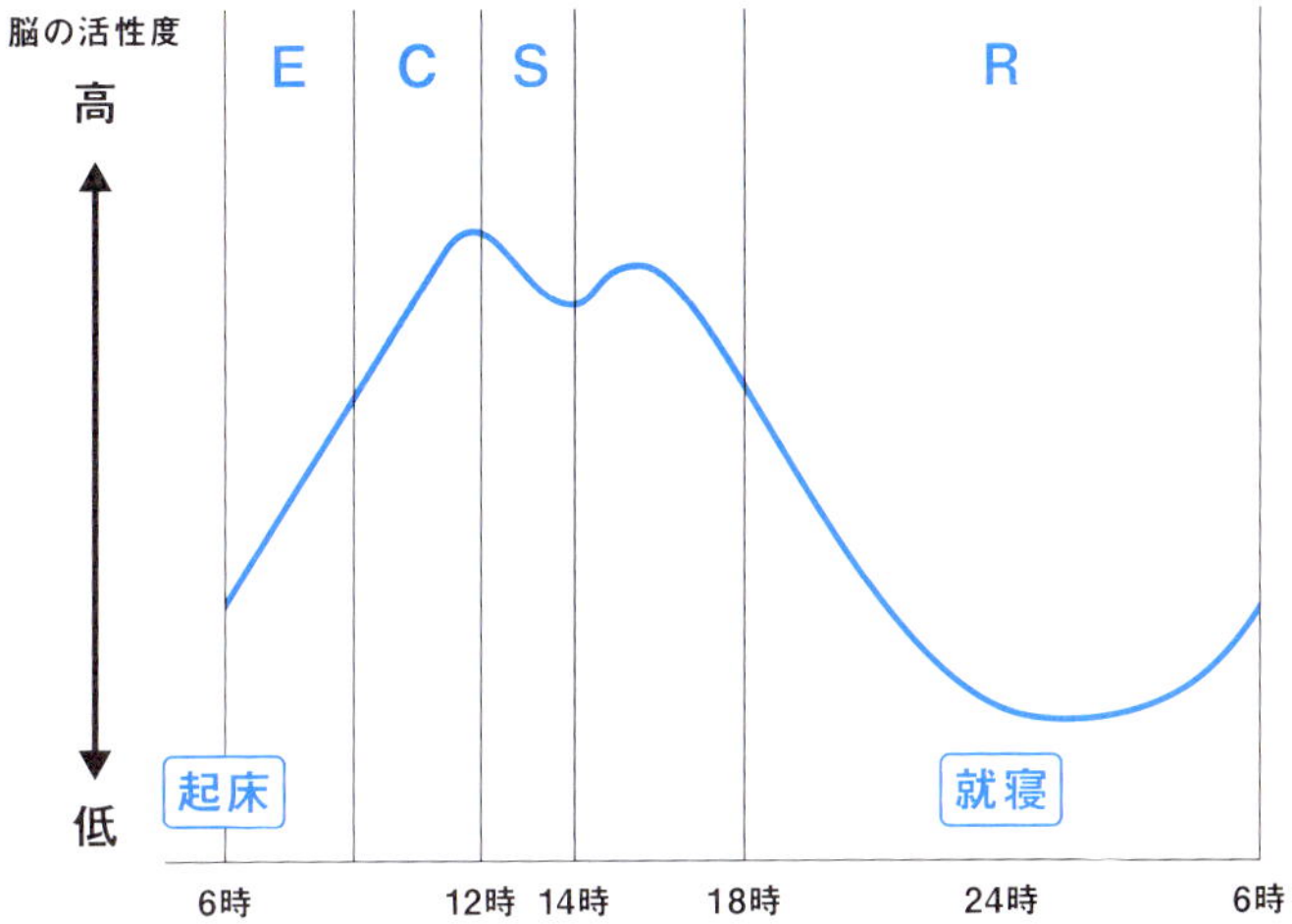

◎朝、目覚めた直後からどんどん上昇し、
◎昼前が一度目のピークを迎え、マックスに。
▼昼過ぎに一回、やや下がり、
○夕方に再びすこし上昇する（二度目のピーク）。
▼その後は夜に向かって一気に下がっていく。
という推移をたどっていることがわかります。

直観とは脳による無意識の意思決定のこと。ならば、こうした脳の活性度サイクルを利用しない手はありません。
ここでは、このサーカディアンリズムと条件⑦で述べた直観発揮サイクル「CSRE」を結合して、ビジネスマンのための直観を活かす時間術を考えてみましょう。

①「E（直観による決断）は朝イチに」——朝の脳はいちばん元気

直観力が高い人は総じて早起きです。それには理由があります。**人間の脳の意思決定力やクリエイティブな能力がいちばん高いのは、朝起きてから2時間の間**だということがわかっています。直観を活かせている人はそれを知っているのです。

このグラフを見ると、朝6時頃を起点にして脳の活性度が一気に上昇カーブを描いています。睡眠によって体力を回復した朝の脳は〝上り調子〟のいわゆるアゲ状態。

昼前のピークに向けてどんどんパワフルに働き始めているのです。

私も仕事の上で大きな決断や大事な選択をする必要があるときは、朝起きてからの2時間の間に終わらせると決めています。

「あと10分だけ寝かせて」と目覚まし時計を放り投げ、ギリギリまでベッドで粘り、毎朝バタバタと大慌てで仕事に出かける――これではせっかくの元気な朝イチ脳も、鋭くなっている直観も、残念ながら宝の持ち腐れ。

2時間とはいいません。**まず1時間、いつもより早起きして、企画を考える時間をつくってみる、判断に迷っている案件をもう一度見直してみる。**

――朝の時間の過ごし方を見直すことで、自分の直観を活かすチャンスがきっと生まれるはずです。

②「C（集中）」は昼メシ前に――午前中はひたすら集中

人間の脳の活性度は起床後から一気に上昇し、昼前に一度目のピークを迎えます。

つまり、職場に着いてからの1日で、脳が最大限に活性化し最高に脂が乗っている「ゴールデンアワー」は、出社後から昼メシ前までの午前中ということ。

脳の活性度が高いということは、当然、判断能力も上昇しています。判断能力も高く、脳の体力もまだ存分に満たされている午前中〜昼メシ前こそ、徹底的な集中に適した時間帯、その日のもっとも重要な案件に充てるべき時間帯と言えます。

「朝イチから午前中いっぱいはエンジンがかからないから、メールチェックや伝票整理をする」という人がいますが、なんとももったいない話。脳がイケイケで元気いっぱいの午前中にこそ、集中的に頭を使う仕事に充てるべきです。

私も、**原稿を書いたり企画を考えたりといったクリエイティブな直観やアイデアが必要とされる作業は「午前中でなければ無理」と割り切って、それを軸にして1日の行動計画を立てるようにしています。**

③「S（思考停止）」は昼過ぎに――昼寝ができれば最高

思考を一度ストップする「S（思考停止）」のベストタイムは、1度目のピークを越えた昼下がり、12時～14時くらいの間になります。

では、なぜこのタイミングで思考の一時停止をするのがいいのか。

1つは、サーカディアンリズムでは、この時間帯は脳の活性度が落ちてくるから。

そしてもう1つは、この時間帯がちょうどランチタイムとその直後1時間くらいに当たっているからです。

ランチを食べてお腹がいっぱいになれば、人は決まって眠くなるもの。そして人間、満腹のときは直観力も集中力も働きにくくなります。

人間の直観はお腹が空いているときのほうがよく働くという、オランダ・ユトレヒト大学の研究報告もあります。

ですから、やはりランチ直後の時間帯に、午前中の集中をそのまま引き継ぐのは、脳の状態から見ても無理があります。ここで集中が求められる仕事を始めても、脳が足踏み状態で追いついてこられない可能性が高いのです。

そこでランチに合わせて午前中からの思考を一時停止し、**午後イチは午前中の集中とは真逆の軽い作業（交通費の精算や仕事の資料探しなど）をこなす時間にするといいでしょう。**

また、会社勤めでは難しいと思いますが、この時間帯のどこかで**昼寝**ができればいうことなしです。昼寝といっても20分程度の軽いもので十分。**18分間の**

昼寝は夜の3時間の睡眠に相当すると言われており、昼前の「C（集中）」による脳の疲労回復にも効果があります。

そして集中と弛緩のメリハリに刺激された脳の働きによって、午前中に集中して取り組んだ課題の答えが、直観的に「ふと降りてくる」「こうしようと決断できる」可能性が高いのもこの時間帯です。

④ 「実務的な仕事」は午後から夕方——堅実にタスクをこなす

脳の活性度が二度目のピークを迎える14時〜夕方。

ただ、ピークと言っても午前中ほどは脳の体力も活性度もないので、ここでは徹底した集中というよりは、**商談したり会議や打ち合わせをしたり資料を作成したりという、いわゆる実務的な仕事をこなすのに適した時間帯です。**

⑤ 夜は仕事を離れて「R（リラックス）」――疲れた脳から直観は望めない

職場での仕事を終えて帰途につく頃から脳の活性度は一気に下降します。

そもそも人間の脳の体力や判断能力は「朝起きてから、もって半日」だといわれています。

これは南オーストラリア大学のドルドーソンという学者の研究なのですが、**朝に行うと15分でできる作業が、昼にやると30分かかり、夜になると2時間もかかるのだとか。朝と夜では、脳の作業効率も格段に差があるということです。**

ならば、ここでいくら頑張っても、すでに〝店じまい〟に向かっている脳は本来の力を発揮できません。直観のベースとなる徹底的な集中など望むべくもありません。

そこで夜から就寝にかけては、**仕事を離れた完全なリラックスタイムにしてしまうのがいちばんなのです。**

サーカディアンリズムをビジネスに生かすコツ

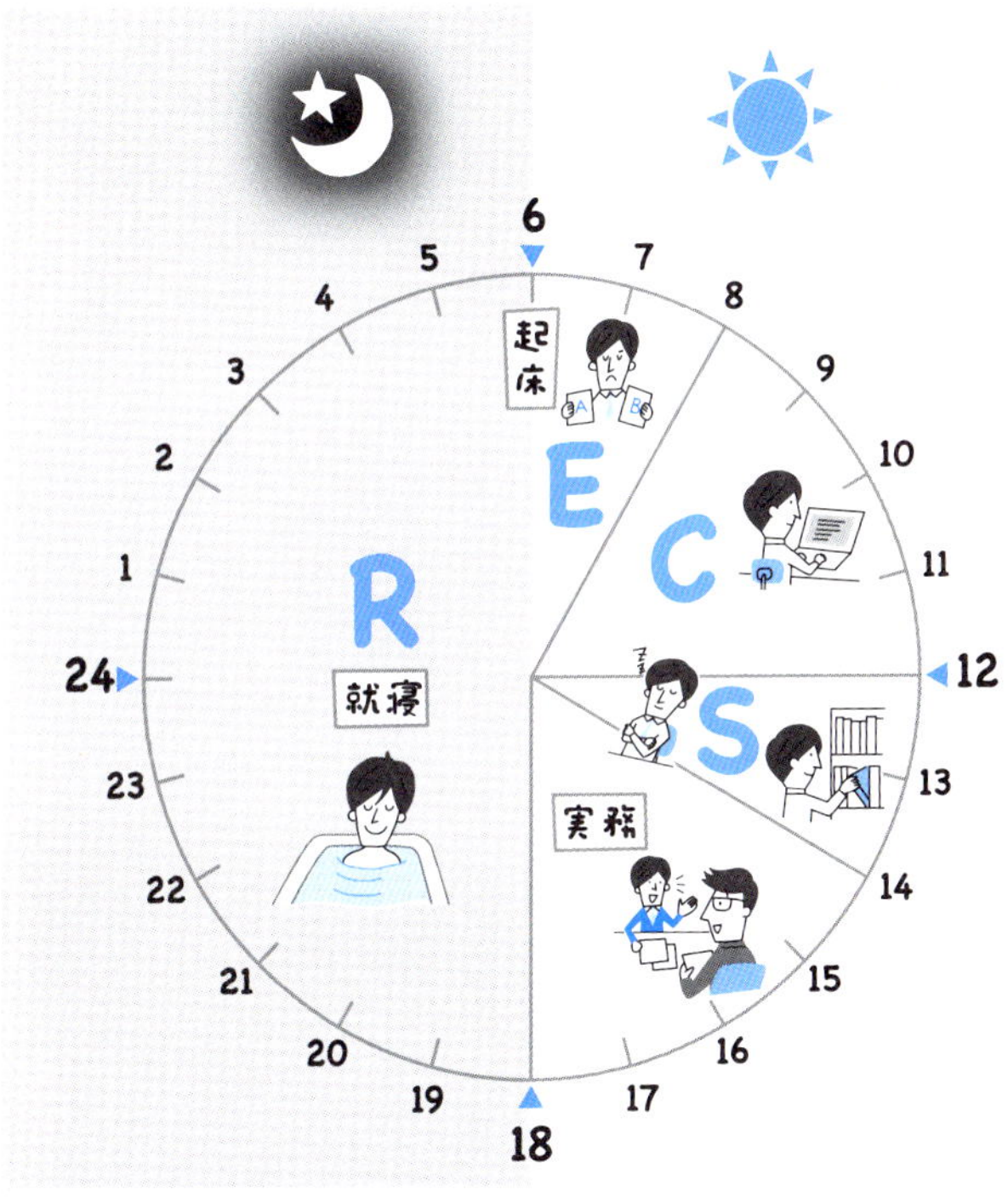

E 企画を考える 決断	C 重要な案件 クリエイティブ・アイデア （集中）
S 軽作業 清算 資料探し	R お風呂 就寝

脳の判断能力が高い午前中にフル稼働させ、一段落する昼に思考を一度ストップ。脳がやや復活する午後は通常業務をこなし、夜は仕事を離れてリラックス。

直観という人間本来の能力を引き出すためには、人間が生体として本来持っている自然な生活サイクルを意識することがとても重要です。

サーカディアンリズムと脳のメリハリを意識した時間術を習慣にすることで、脳は安定して本来の能力を発揮できるようになり、直観力もアップしていくのです。

まとめ

脳が元気な朝~午前中に集中、昼に思考をとめて夜はリラックス。サーカディアンリズムと「CSRE」を意識した生活サイクルを。

3章

直観をニブらせる7つのワナ

正しい直観を妨げるバイアスというワナ

「直観はほぼ正しいって本当？　だって自分は外れてばかりだけど」そう感じる人も少なくないでしょう。

人間の直観は90％ぐらいの確率で的中するという研究結果が出ているのは前述したとおりです。ただ、ここで大事なのは、それが最初の直観、余計な情報がないまっさらな状態での直観での話だということ。

直観に余計な情報が入り込むと、それが〝色眼鏡〟になって偏りが生じ、その直観

の精度はガクンと下がってしまうのです。

そして「余計な情報」の最たるものが、「多分、○○に違いない」という決めつけや思い込み、無意識の先入観。直観に偏りを生じさせ、直観をニブらせ、直観による選択を誤らせる厄介な先入観や思い込みは**「バイアス」**と呼ばれています。

直観をニブらせる「バイアス」というノイズ

たとえば初対面の取引相手が茶髪だったとします。そのとき感じたのが「茶髪なんて、いいかげんなヤツだな」という第一印象だったとしたら要注意。

その第一印象には、すでに**「茶髪の人にロクなヤツはいない」というバイアス**がかかっている可能性があります。

以前、仕事をした際にたまたま出会った「茶髪のいいかげんな人」の記憶が残っていて、それが無意識のうちに先入観になってしまっているかもしれません。

直観を正しく働かせるコツ

先入観や固定観念を捨てる

×

最初にパッと見た
“まっさらな印象”で判断する

また「茶髪＝チャラチャラした感じ」という固定観念（ステレオタイプ）が第一印象に影響することもあります。

こうしたバイアスが直観をミスリードしてしまうのです。

バイアスは、ほぼ正しいはずの直観を狂わせる〝ノイズ〟のようなもの。

初対面の相手を、過去の経験や固定観念と照らし合わせてしまうと、人は直観力を正しく発揮できなくなります。

目の前の初対面の人は、事前情報

のない、文字どおり〝初めて会う〟人。これまでの自分の経験がそのまま当てはまるとは限りません。

直観を正しく働かせるには、**バイアスや固定観念といったノイズを捨て、余計なことを考えず、最初にパッと見た〝まっさらな印象〟で判断することが大事**なのです。

直観はたいてい「他人に正しく、自分に甘い」

初対面の人に対して何らかの判断を下すときには、最初に感じた直観（第一印象）を信じて従ったほうがいい――これは事実です。他者に対する直観はほぼ正しいことはこれまでの研究によってわかっています。

ただ逆に言えば〝灯台下暗し〟で、自分自身のことになると話が違ってくるということでもあります。

行動にしても感情にしても、普通に考えれば自分自身のことのほうが予測しやすい、直観が当たりやすいように思えるでしょう。何を考え、どう動くかもわからない他人よりも、自分のことのほうが格段にわかりやすいだろうと。

ところが実際は、直観で正しく予測できないのは圧倒的に自分のこと。直観は他人に関することのほうがよく当たるのです。

なぜなら人間は、**自分自身の行動や感情を予測したり評価したりする際に、他者を見るとき以上に多くのバイアスに惑わされる傾向がある**からです。

たとえば——、

「あなたは平均よりも上だと思いますか、下だと思いますか」と質問されたら、約70％の人が「自分は平均より上」と答えるというデータがあります。

人間は思っている以上に「自分はできるやつ」だと思っているということ。しかしそれはほとんどの場合が思い込み、つまり「バイアス」です。

また、大学生を対象にしたこんな実験もあります。

ある課題を与えて、「あなたはそのレポートを何日で仕上げられるか」と質問したところ、ほとんどの学生が「27日〜49日でできる」と答えたのに、実際にはその2倍の56日間もかかりました。

ところが質問を変えて「クラスメイトの◯◯さんは、このレポートに何日かかると思いますか」と友人のことを聞いたら、ほとんどの学生が実際の日数に近い56日前後と答えたのです。

多くの人は、他人のことを直観で予測するとかなりの確率で当たるけれど、自分のことに関しては予想も評価も判断も、かなり甘く見積もってしまうということです。

さらに「もし地域でボランティア活動が行われたとしたら、あなたは参加するタイプの人ですか」という聞き方をしたら、多くの人が「もちろん参加する人です」と答えたが、「では、実際にボランティアをしてくれませんか」と頼むと、たった4％の人しか参加しなかった。

——こうした研究結果がいくつも報告されています。

そして、これらの実験でも、「ほかの人はどれくらいボランティアに参加すると思うか」と聞くと、その答えはかなりの確率で当たったといいます。

多くの人が「今は事情があってできないけれど、本来自分はボランティアに参加したりするようないい人間だ」と思っているということ。これも自分に対する思い込み、立派なバイアスなのです。**直観による未来の予測は、他人のことはアテになるけれど、自分のことに対してはあまりアテになりません。**

それもすべては先入観や思い込み＝バイアスのもたらす影響なのです。

ということは、正しく直観を発揮するためには、まず直観をニブらせるバイアスの存在、バイアスによる影響を知っておくことが重要になります。

バイアスには、実に多くの種類があり、それが複合的に作用することも多々あります。

本章ではまず、バイアスのなかでも代表的なもの、直観的な判断や選択に与える影響の大きいものをピックアップしてその正体を解説します。

さらにその次の4章で、バイアスを回避するコツを述べていきます。

予測の実験

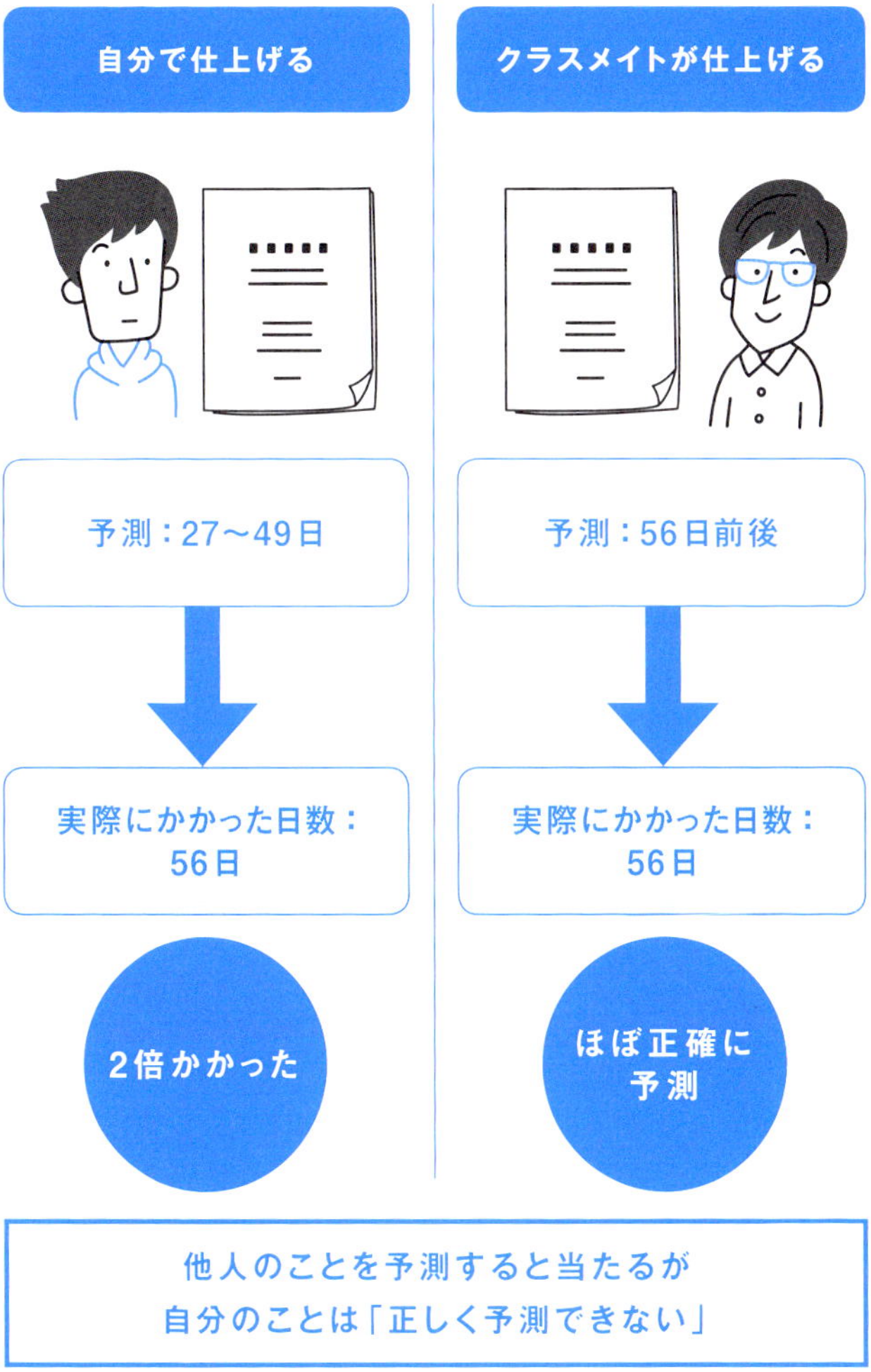
自分で仕上げる
クラスメイトが仕上げる
予測：27〜49日
予測：56日前後
実際にかかった日数：
56日
実際にかかった日数：
56日
2倍かかった
ほぼ正確に
予測
他人のことを予測すると当たるが
自分のことは「正しく予測できない」

ワナ 1

「自分に都合のいいことだけ」というワナ

確証バイアス・自己奉仕バイアス

私は、企業のセミナーで話す機会が多いのですが、そこでよく話題に上るのが「人材採用の難しさ」「人を見極めることの難しさ」です。

いい人材がほしいけれど、その見極めが難しい。どうすれば面接でいい人材を見つけられるか、人材の〝目利き〟ができるようになるか――こんな質問をよく受けます。

そんなとき、私はこう答えています。

「事前に履歴書やエントリーシートを見るのをやめませんか」と。

なぜなら面接官の印象が、履歴書の情報に流されてしまう。履歴書が先入観になってしまうからです。

人は初対面でも第一印象という直観で相手の有能性を見抜くことができ、しかもそれは9割方は正しいことは先に述べたとおりです。しかしその第一印象の正確さが、履歴書からの事前情報によってマイナス影響を受けてしまうのです。

たとえば「一流と呼ばれる大学を出ている」「有名企業でのキャリアがある」「数々の大きな仕事をこなしてきた実績がある」――履歴書に書かれたこうした〝いい情報〟を先に見て「この人は良さそうだ」と思うと、面接でも無意識にその人のいいところばかり見てしまう可能性が高くなります。

逆に履歴書の内容を見て「こりゃダメだ」と先に思ってしまうと、面接でも知らぬ間にダメなところばかりが目についてしまいます。

つまり人は、**自分にとって都合のいい情報、自分の先入観を裏づけ、その確証とな**

履歴書からの事前情報で正しい情報を見逃す

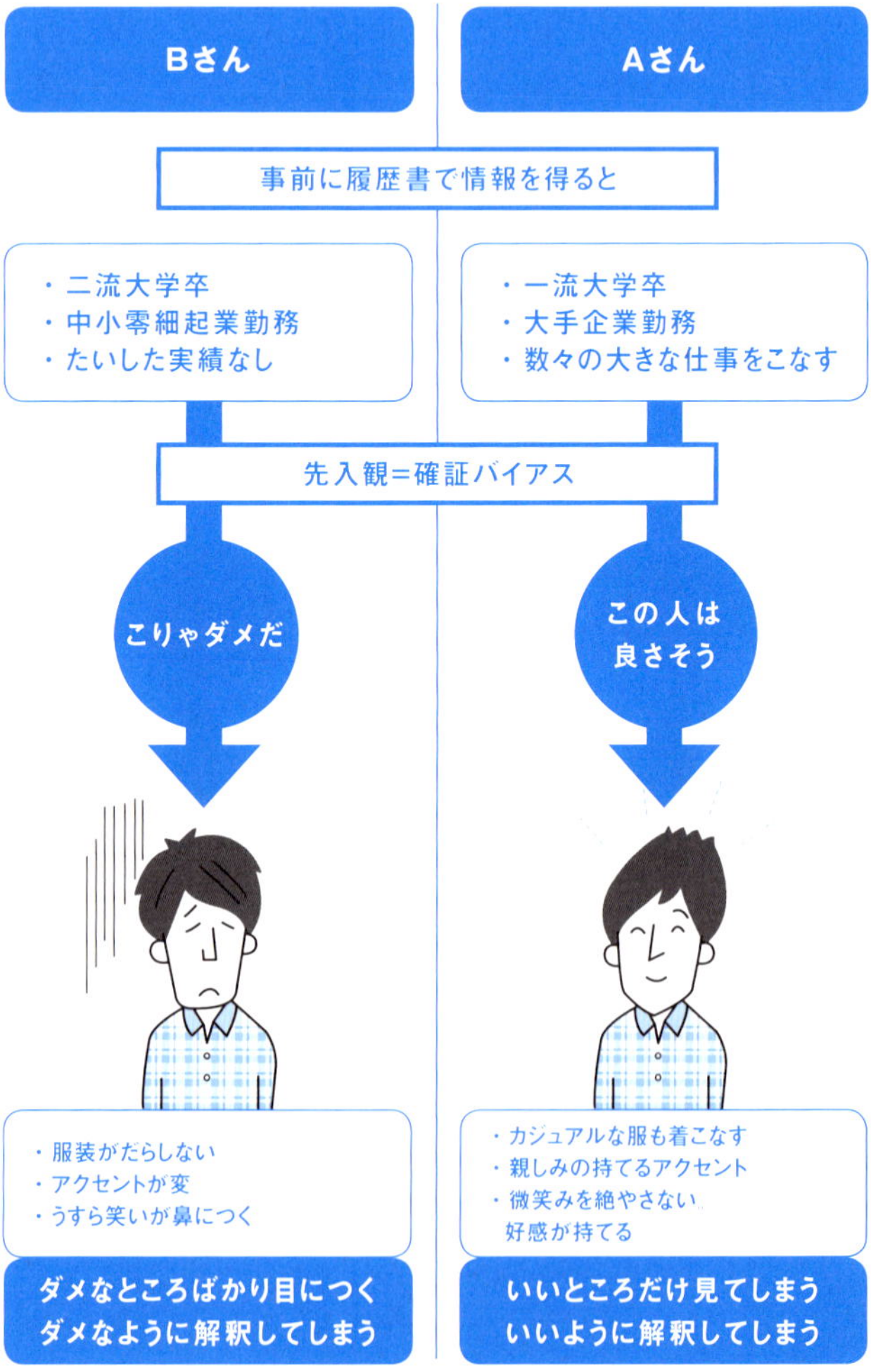

るような情報だけを集めようとする傾向があるのです。

こうした心理現象を**「確証バイアス」**と呼びます。

「あいつは性格が悪いヤツだ」と思うと、その人がいいことをしても、それは目に入らず、自分の先入観を立証するような「悪い情報」ばかりを探そうとするという「偏見」も確証バイアス。

好きになったらどんな欠点でもいいところに見える「あばたもエクボ」、好きな人のイヤなところは見えずに好ましい情報ばかり見えてしまう「恋は盲目」といった恋愛における人間心理も確証バイアスと言っていいでしょう。

自分に都合のいい情報だけを集めることで、先入観や思い込みの度合いはより大きく、強くなり、**直観で感じ取れるはずのほぼ正しい相手の情報を見逃してしまう恐れがある**のです。

これがひどくなると、ものごとが成功したときにはその要因を自分自身に、失敗した場合にはその要因を外部に帰属させるようになります。

わかりやすく言えば、**「成功したら自分の手柄、失敗したら誰かのせい」**という、非常に厄介な自分に都合のいい思い込みです。

あいつが出世したのは、単に運がよかったから。上司におべっかを使ったから。自分が出世できたのは、仕事がデキるから。努力を評価されたから――。

自分が間違えたのは忙しくて集中力が下がっていたから仕方のないこと。でもあいつが間違えたのはいつも適当で注意力が散漫だから――。

こうした心理は**「自己奉仕バイアス」**と呼ばれます。

自分のプライドや自尊心を守り、維持するために無意識にそうしたバイアスが働くとも考えられているようです。

ワナ 2

「自分は大丈夫」というワナ

正常性バイアス

次に紹介する直観をニブらせるワナは**「正常性バイアス」**と呼ばれる現象です。

ワナ①の確証バイアスは「自分に都合のいいことばかり集める」でしたが、その逆で**「自分にとって都合の悪い情報はスルーする、無視してしまう」**のが正常性バイアス。

もっとわかりやすい表現をすれば、「自分だけは大丈夫」「今回は大丈夫」「まだ平気」「自分にそんなに悪いことが起こるわけがない」と無意識に思ってしまう心理状態のことです。

たとえば、オレオレ詐欺や振り込め詐欺の被害に遭ってしまう人、怪しい商品を買ったりうまい投資話に乗ったりしてトラブルになる人などは、正常性バイアスを利用されていると言えます。

被害に遭った人たちの多くは、「まさか自分が」という言葉を口にします。

「ニュースでは大騒ぎしているけれど、私に詐欺の電話がかかってくるわけがない」
「こういう投資話を持ちかけてくる人は信用できないけど、この人は大丈夫だろう」
「この手の商品は怪しいものが多いけど、これは大丈夫だろう」

――こうした**「自分は大丈夫」「自分だけは大丈夫」という根拠のない思い込みにつけ込まれているわけです。**

多くの人は、いちばん最初に話を聞いた瞬間に「おや？」「電話の話は何かおかしい」「オイシイ話だけど裏がありそう」という違和感を覚えています。直観は「怪しい」「かかわらないほうがいい」というサインを出しているのです。

ところが正常性バイアスが、その違和感を打ち消してしまいます。「でも、この人は大丈夫だろう」と考えてしまい、直観を信じずに行動した結果、被害に遭うのです。

また、自分ではなくほかの人にかかってきた詐欺の電話ならば、直観に従った対処ができるもの。「それは詐欺だと思うよ」「気をつけて」と忠告さえできます。

ところが、いざ自分にかかってくると、なぜか「自分は大丈夫」と思い込む。自分は自分に対して公正な判断ができている、冷静な目を持っているから大丈夫だと思ってしまうわけです。


正常性バイアスとは、直観で感じた異常を自己都合で打ち消して「正常」と思い込んでしまう人間心理のワナなのです。

振り込め詐欺の被害者の人間心理のワナ

振り込め詐欺はよく聞くけど、
「まさか自分が」「この電話は大丈夫」

直観で感じた異常を自己都合で打ち消して
「正常」と思い込んでしまう＝正常性バイアス

過度な正常性バイアスは命をも脅かす

こう考えると正常性バイアスはネガティブな作用のように思えますが、本来は人間が生きていくために必要な心理現象なのです。

私たちを取り巻く世界は、常に変化を繰り返しています。さまざまな新しい事象が起こり、周囲の環境や状況も変わっていきます。

でも何か変化が起こるたびにいちいち「異常」と感じ、そのたびに反応し、警戒し、緊張していたのでは精神的に参ってしまうでしょう。

そうした精神的ストレスを回避するために、人間の脳は、多少の異常ならば**「まあ、正常の範囲内でしょ」と判断することで精神の安定、心の平静を保とうとします。**

これが正常性バイアス。つまり**〝心の防衛システム〟**として作用するのが、本来の正常性バイアスの働きなのです。

ところがそれも程度問題。**度が過ぎると本当に「異常」と感じなければいけない事態でも、脳は「正常」に置き換えてしまいます。**

怪しい電話は「認識しなければいけない異常」なのに、「正常」に置き換えて「自分は大丈夫」とお金を振り込んでしまうのです。

社会問題になってニュースなどであれだけ注意喚起されているにも関わらず、振り込め詐欺の被害が後を絶たないのは、こうした人間の心理メカニズムにも原因があると言えるでしょう。**度を越した正常性バイアスは、精神を安定させるどころか、逆に生命を危険にさらすこともあります。**

もしビルのなかにいて非常ベルが鳴ったら、誰しも直観で異常事態を察知し、「危険だから非難しなきゃ」と思うのが自然でしょう。

ところがここで正常性バイアスが働くと、目の前の異常が正常に置き換えられて「どうせ誤作動だろう」「避難訓練でしょ」という発想になってしまいます。その結果、逃げ遅れることにもなりかねません。

ワナ3

「やっぱり、だと思った」というワナ

後知恵バイアス

「このバッターを抑えればこの試合は勝ちか」

「2ストライクまで追い込んだから、あと1球。フォークかな、今日はストレートが走ってるから、思い切って真っ直ぐで勝負でもよさそうだけどね」

カキーン！

「あ～、逆転サヨナラホームランだって。ほらみろ、最後の勝負球はやっぱりフォークボールでしょ。いくら調子が良くても真っ直ぐじゃ打たれると思ったよ」

――よくある野球談議の光景です。

確かにフォークボールを投げておけば三振を取れたかもしれません。でもそれはあくまで「ストレートを投げたら逆転ホームランを打たれた」という結果を知った後だから言える話です。

もしストレートで三振を取っていたら、この人は「ほら、オレのいうとおり」とご満悦だったに違いありません。人はときに、「やっぱりね」「だと思ったよ」などということがあります。

結果を知ったあとで、あたかも自分が以前からその結果を予想していたかのような錯覚に陥ってしまう。**ものごとが起きたあとで、その結果が予測可能だったのにと考えてしまう。**こうした心理現象を**「後知恵バイアス」**といいます。

早い話が「結果論」のこと。直観に従って行動できずに失敗したことに対する〝後づけの言い訳〟や〝後づけの自己正当化〟と言ってもいいかもしれません。

直観で「この株は買わないほうがいい」と思ったけれど、周囲の勧めで強引に買っ

株で大損したときに「予測可能だった」と考えるワケ

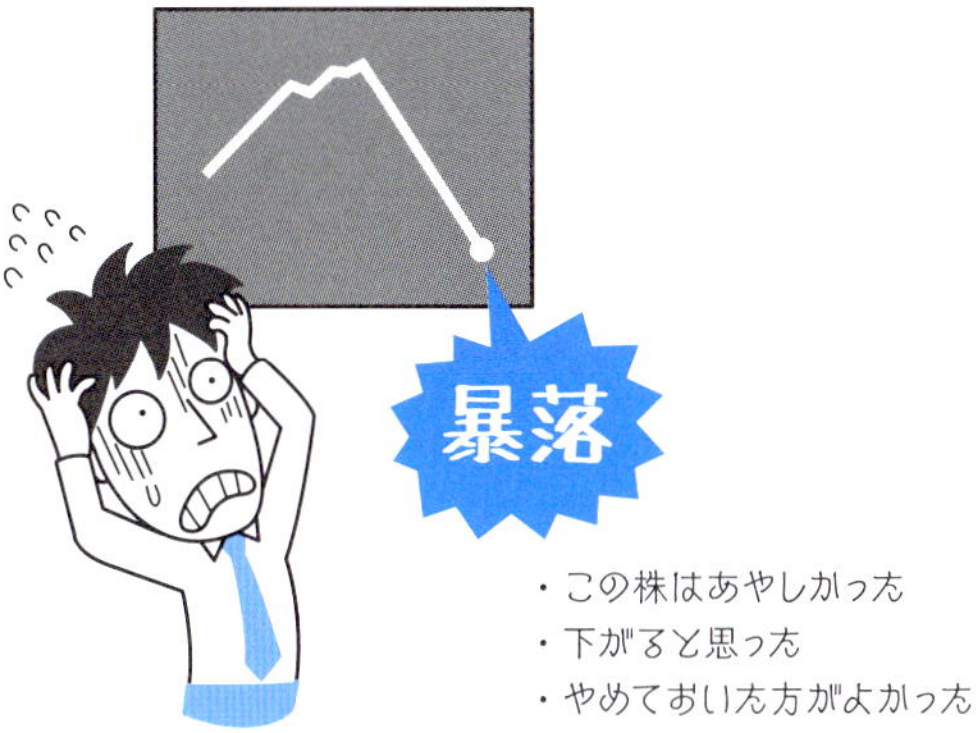
暴落
・この株はあやしかった
・下がると思った
・やめておいた方がよかった

直観で感じた異常を自己都合で打ち消して
「正常」と思い込んでしまう＝正常性バイアス

たら翌日に大下落――「やっぱりね。最初から株価が下がると思ってたんだよ」

バーゲンで「ピン」ときたセーターを買ったら粗悪品で、1回洗濯したら劇的に縮んでしまった――「やっぱりね。安物だから品質も悪いのはわかってたんだ」

こうした「後からなら何とでも言える」こと、「わかってたのなら買わなきゃよかったのに」とツッコまれそうな心理も、すべて後知恵バイアスになります。

ワナ 4

「自分たちが正しい」というワナ

内集団バイアス

人間には自分が所属する集団をより高く正しく評価し、それ以外の人間やほかの集団をより低く評価しようとする心理があります。

つまり、**自分が所属している集団は正しい。オレたちが正しい。**こう考えてしまう心理状態が**「内集団バイアス」**です。「内集団ひいき」とも呼ばれています。

同業のライバル会社が売り上げを伸ばしているのを見て、「売り上げは向こうが高くても、顧客満足度はウチのほうが高いはず」「ウチのほうがやりがいはあるはず」などと思いたがる。

極端な例だと、狂信的なテログループに所属しているテロリストたちの心理もこれに近いものがあります。暴力や武力で自分たちの意見を通そうとするなど、どう考えてもおかしいと自分でもわかっているのに、そのグループに入ってしまうと「それもアリかな」と思ってしまう。これも内集団バイアスです。

内集団バイアスにとらわれた集団のなかでは、人はものごとを自分の所属する集団に都合がいいように解釈するようになります。ワナ①の確証バイアスに近い心理が働いてくるということ。

たとえば自分が所属するプロジェクトチームが予算を達成できたら、その原因を「オレたち頑張ったから」「みんなが優秀だから」と考えます。

ところが、自分が所属するプロジェクトチームが予算達成できずに上司から叱られたとしましょう。するとどうなるか。

今度はその原因を「最初から目標が高過ぎるんだよ」「取引先の対応が遅かったから」など原因を自分たち以外のことに転嫁する、つまり「自分たちのせいではない」と考えます。


うまくいったら自分たちの実力、失敗したら周囲のせい――自分の集団に都合よく考えることで、集団の評価を維持しようと考えるのです。

「ウチの会社が、部署が、チームがいちばん」というのは、パッと見は会社愛、チーム愛のようにも思えます。

しかしそれが**「身内びいき」になってしまうと単なる「自分たちが正しい」という偏った先入観**でしかありません。

この先入観が、本来はものごとの本質を正しく評価・判断できるはずの直観をニブらせてしまいます。

自社に都合よく考える偏った先入観

◆予算達成したら

◆予算達成しなかったら

うまくいったら自分たちの実力・失敗したら周囲のせい
自分たちの都合よく考える＝内集団バイアス

ワナ 5

「みんながそうだから」というワナ

多数派同調バイアス・リスキーシフト

あなたは今電車に乗っています。混み合っていましたが何とか座ることができました。

すると、そこにひとりのお年寄りが乗ってきました。でももう満席で座ることができず、そのお年寄りは立っています。

その姿を見た瞬間、あなたは「席を譲ろうか」と思います。

しかし、周囲を見回すとみんな知らん顔。そのお年寄りも、とくに立っているのが辛そうではありません。そこであなたはこう考えました。
「誰も譲ろうとしないし、何だか恥ずかしいし、まあ、いいか」と。そして、浮かしかけた腰を再び戻しました。
——これがこの項で解説する直観のジャマをするワナの1つ**「多数派同調バイアス」**のわかりやすい例です。

多数派同調バイアスとは、**行動に迷ったとき、とりあえず周囲の人たちに合わせようとする、みんなと同じにしておけば安心（安全）だと考える心理傾向**のことで、「集団同調バイアス」とも呼ばれます。

以前、韓国で地下鉄が放火され、約200人が死亡した大惨事がありました。その際、事件当時の地下鉄列車内の写真が公開されて話題になったのですが、そこに写っていた光景は異様なものでした。煙が充満している車内にも関わらず、乗客たちは逃げようとせず座席に座っていたのです。

なぜ彼らは逃げようとしなかったのか。そこにも多数派同調バイアスのワナがあったのではないかと私は考えます。

乗客はみな、自分の本能的な直観では「危険だ、マズイ」と思っていたはず。自分ひとりならすぐに逃げ出したかもしれません。

ところが集団でいたために「みんな逃げないから、自分も逃げなくて大丈夫」とお互いが思い込み、直観を打ち消して避難行動に出られなかったのではないかと。

この「大丈夫」という心理状態で気づいた人もいるかも知れません。「みんながそうだから、自分も大丈夫」という多数派同調バイアスは、前述の正常性バイアスとも密接にかかわっています。

つまり、個人で「自分は大丈夫」と思うのが正常性バイアスで、集団で〝みんなの総意〟を担保にして「自分も大丈夫」と思い込むのが多数派同調バイアスなのです。

多数派同調バイアスは、ときに危機を察知する能力という人間の生存本能に近い直観をもニブらせてしまう、とても厄介なバイアスなのです。

より過激な同調になると、リスキーな選択をする

「赤信号みんなで渡れば怖くない」――往年のツービートのギャグです。これは多数派同調バイアスの本質をズバリ突いていると言えるでしょう。

いえ、この心理はむしろ**多数派同調バイアスがさらに〝悪化〟**した状態です。

赤信号を見れば誰もが直観で「今、渡ったら危険」と思うはず。でも周囲を見たらほかの人たちは平然と渡っています。そこで「みんなが渡っているなら、自分だって大丈夫だろう」と、最初の直観を退けて渡ってしまうのです。

さらに赤信号が「とまれ」のサインなのは誰もが知っています。なのにそこで渡るのは明らかなルール違反。ですから「渡ったら危険」と同時に、「ルール違反だ」という感覚にもなるはず。その感覚と判断も私たちのなかで無意識の習慣になっている直観の1つです。

ところがみんなが渡っているのを見て、ルール違反だけど、「みんなで渡れば大丈夫」と考えてしまう。

冷静に考えれば危険でルール違反になることもわかっている。普段ならそんなことはしないのに、**みんなが「大丈夫だ」と言っているから「大丈夫」と思えてしまう**心理。これを**「リスキーシフト」**と呼びます。

いわゆる集団心理の1つで、人は集団でいるとき個人のときにくらべて「より極端でリスクの高い行動をとる」というもの。

多数派同調バイアスは「右へならえ」といったどちらかというと受動的な同調イメージですが、リスキーシフトは**「みんなと一緒だから気が大きくなって、慎重さを失ってリスキーな選択をする」**という能動的な同調と言えます。

「赤信号をみんなで渡れば怖くない」の心理のワケ

キキ〜
ブ〜
みんなが平然と渡っているから、
「大丈夫」と考えてしまう。

**みんなと一緒なら気が大きくなって慎重さを失う
「リスキー」な選択をする＝リスキーシフト**

ワナ6

「この思いは永遠」というワナ

持続性バイアス

大失恋を経験して「もう二度と恋なんてしない」と心に誓ったのに、翌月にはもう別の人に恋をしている。

仕事で大きなミスをして周囲が心配になるほど落ち込んでいた人でも、時間が経てば立ち直っている。

ずっと欲しかったバイクをやっと手に入れて「毎週末ツーリングに行くぞ」とあんなに張り切っていたのに、しばらくしたらその熱も冷めてきた。

自分のやりたい部署に異動になって俄然やる気になっていたのに、仕事に慣れてきたら最初の頃のモチベーションがなくなってきた。

辛いことがあって落ち込んだり、いいことがあって喜んだり、やる気になって張り切ったり——人は、こうした自分の感情が、ずっと長く続くものだと思いがちです。ところがフタを開けてみると、自分で思っている以上に、自分の感情というのは長続きしないものです。

ひどいショックを受けて落ち込んでいても、しばらくするとケロッと立ち直ってしまうし、すごくハッピーなことがあっても、いつのまにかそれが当たり前になってしまう。

人はネガティブにしろポジティブにしろ、何かの出来事に遭遇したときに生まれた**感情の将来的な持続に対して、過大に見積もる傾向がある**ことがわかっています。

人間の感情は、良くも悪くも長続きしないようにできているのに、**「今の自分の感情がずっと続く」と思ってしまう。**この思い込みを**「持続性バイアス」**といいます。

失敗そのものより、失敗で感情が傷つくことが怖い

感情の持続性バイアスにとらわれると、なぜ直観が働きにくくなるのか。それは持続性バイアスが直観による行動にブレーキをかけてしまうからです。

直観に従って見切り発車的に行動しようとするとき、持続性バイアスが生まれると、「でも、もし失敗したらものすごく落ち込んで傷つくんじゃないか。立ち直れないほど落ち込むんじゃないか。その傷を一生、引きずるんじゃないか」と、**自分の感情の持続性を必要以上に、大きく長く多く見積もって動けなくなってしまう**でしょう。

また、直観で好きになった異性に告白したいけれど、「突然そんなことをして断ら

れたらショックで立ち直れないだろうな」と二の足を踏む。これも持続性バイアスによる「感情の見積もり過多」で、直観を活かせないケースです。

「失敗するのが怖いから直観を信じて行動できない」というのは、どちらかというと失敗したときに発生するリスクや損失を恐れるよりも、**「失敗したときに自分の感情がどのくらい傷つくか」**を恐れてしまうことのほうが多いもの。

これが持続性バイアスによる影響なのです。

ワナ 7

「自分のやり方がいちばん」というワナ

保守性バイアス

自分とは違った考え方、まったく新しいモノの見方などに直面したとき、**それまでの自分の考え方に固執して、それらを否定したり、正当に評価しなかったりする。**こうした心理傾向を**「保守性バイアス」**といいます。

わかりやすく言えば、

「最新だかなんだか知らないが、オレはずっとこうやってきたんだ。文句あっか」

という**頑固オヤジ的な「自分のスタイルへの固執」**が、本来柔軟であるはずの直観を妨げてしまうということ。

たとえば、ガラケーよりも感覚的に操作できるスマホのほうが使いやすさは格段にアップしているのですが、保守性バイアスにとらわれると、「スマホなんてわかりにくいだけ」と思い込み、「オレはガラケーで十分」と、その操作性を試すこともせずに否定したり拒絶したりするわけです。一度、スマホを使ってみれば「へえ、これ意外にいいね」となる可能性が高いのに、その「使ってみよう」という感覚が湧いてこない。保守性バイアスが、その感覚にフタをしてしまうのです。

自分の判断への固執が、相反する直観を封じ込める

保守性バイアスは、株式投資の際に投資家が陥るバイアスとしても知られています。

たとえば、業績がよく、利益成長がずっと右肩上がりの企業に強気の投資を続けて

きた投資家がいました。ところが問題が発生して、今月、その企業の業績予想が大きく下落する可能性があるというニュースを耳にしたとしましょう。

そのとき投資家が保守性バイアスにとらわれると、どうなるか。

「オレが見込んでここまで成長した企業なんだから、そんな情報は正しくない」と思い込みます。そのため、これまでの利益成長に固執して、最新のマイナス情報に基づいた判断を下せず、強気な投資を見直すのに時間がかかってしまう恐れがあります。

本来、投資家の直観は「投資に慎重になるべき」という判断を下していたかもしれません。しかし**新しい情報を受け入れず、過去の考えや見通しに固執することで、直観による判断が封じ込められてしまう。**これが保守性バイアスの落とし穴です。

まとめ

バイアスに惑わされる可能性があることを意識して、フラットな気持ちで見直すことが大事。

4章

バイアスを回避するための5つの生活習慣

バイアス＝偏った直観。思い込みを防ぐには

3章ではさまざまなバイアスの影響について解説しました。

本章で触れるのは、そうしたバイアスの影響を受けにくくするためのアプローチについてです。

実は「バイアス」と直観は背中合わせ、双子のような存在です。なぜならバイアスも直観も、発生のプロセスが基本的に同じだからです。

直観が生まれるとき、脳は無意識に、

ＳＴＥＰ①　視覚・聴覚・触覚などによる知覚
　　　　　↓
ＳＴＥＰ②　知識や経験のデータベースに照会
　　　　　↓
ＳＴＥＰ③　判断や評価

というプロセスを踏んでいます。

ところが、ＳＴＥＰ②で照らし合わせた知識や経験が、ときに**無意識のうちに先入観や思い込みとなって直観に偏りを生じさせること**があります。これが「バイアス」です。

無意識に生まれる純粋な判断や評価が「直観」。
無意識に生まれた先入観や思い込みで偏りが生じた直観が「バイアス」。

――つまりバイアスとは**「偏った直観」**と言ってもいいでしょう。

この章ではバイアスを回避して、直観を正しく発揮させるための５つの生活習慣を挙げました。

全体として重要視しているのは、**先入観や思い込みに支配されがちな凝り固まった頭をやわらかくする**というアプローチです。

そうすることで直観は、まっさらで偏りのない〝本来の直観のまま〟で発揮されやすくなるのです。

習慣 1

紙に書いて直観を可視化する

手書きで脳に刺激を

直観のジャマをするバイアスを遠ざける生活習慣、1つめは**「直観を紙に書く」**です。直観的に「よし、こうしよう」と判断を下したら、その判断をとりあえず紙に書く癖をつけるということ。

これはシンプルですが非常に効果のある方法で、成功したビジネスマンや大きな成果を上げた研究者などに「成功の習慣」を聞くと、ほとんどの人から「何でもメモする」という答えが返ってきます。

自己啓発の祖とも呼ばれるアメリカの作家ナポレオン・ヒルが、鉄鋼王アンドリュー・カーネギーに依頼されて成功者の法則をまとめた『思考は現実化する』にも、成功者の共通点の1つとして「自分の判断や決断、目標などを紙に書き記して可視化する習慣」が挙げられています。

紙に書くことの最大のメリットは、**直観が可視化される**こと。思い浮かんだ感覚的な直観を目に見える文字にすることで、冷静に客観視できるようになります。

また、「意思決定をする」「選択をする」「計画を立てる」といった情報処理は、脳の中枢といわれる大脳皮質のいちばん前に位置する前頭葉が行っており、その働きを活性化するために「紙に文字を書く」のが非常に効果的であることもわかっています。書くことでネガティブな感情や思い込みを取り払うことができるようになるのです。

そして、文字にして書き出すと、**思いついた瞬間にはわからなかったバイアスに気づく**ことができます。

書きながら「あれ、ちょっと待てよ。違うんじゃないか」と。「そうだ、こんな先入観があったかもしれない」「思い込みに凝り固まっていたかもしれない」――冷静になって、客観的になって直観を見直すことで、無意識に取り囲まれていた雑音を取り払うことができるのです。

ただ、書くときには「バイアスを見つけよう」などと意識しないこと。その意識がすでにバイアスになって客観視が怪しくなってしまいます。

ちなみに「可視化するならパソコンやワープロで書いても効果は同じ」ようにも思えますが、そうではありません。やはり**手で書くことが重要**です。

人間の指先は末梢神経が集中した部位。キーボードでタイピングするよりも、**ペンを使って手書きするほうが指先からの刺激がより多く脳に伝わり、活性化の度合いも高くなる**のです。

とくに直観での思いつきを書くには、使用環境の制約が多いキーボードよりも手書きのほうがより自由度が高いというメリットもあります。

パッと書いて、あとからすぐに書き足したり修正したりできますし、極端な話、ペンならば手元に紙がなくても、その辺の壁や床などに書くことだってできますから。

もう1つ、**直観を覚えておける**のも紙に書き出すことの大きなメリットです。

前述したように直観が鋭い人は「自分の直観を忘れない人」。紙に書いて残しておけば、自分の直観が当たったか外れたかの答え合わせもできるし、その結果を自分にフィードバックすることもできるでしょう。

紙に手書きすることは、**バイアスを回避して直観の精度を上げると同時に、直観そのものを鍛えることにも役立つ**のです。

普段からメモとペンを持ち歩き、思いついたことを書き留める習慣をつける。それだけで、あなたの直観力はアップしていきます。

思考を可視化することで、より正しい選択が可能に

ちなみに直観だけでなく「論理的思考」も紙に書き出すことで大きなメリットを生みます。

「アメリカ建国の父」と称される政治家・物理学者ベンジャミン・フランクリンは、二者択一での判断の偏りを抑えるために「精神的代数法」という方法を考案しました。

2つの選択肢からどちらかに決めるときは、それぞれのメリット・デメリットを書き出して並べ、相殺される（プラスマイナスゼロになる）項目を消して、メリットが多く残ったほうを選ぶというもの。

これはフランクリンが自分の甥っ子に与えた、結婚相手を決めるときのアドバイスなのだとか。

ふたりの結婚相手候補の女性、AさんとBさんがいたとしましょう。精神的代数法ではまず、

①紙に線を引いて表を書きます。
②次にAさん、Bさんに関して、自分にとってのメリットとデメリットを、表に書き出していきます。
③メリットとデメリットが等価値の項目、相殺できる項目を消していきます。
④残った答えを比較して、メリットの多い少ないを比較して最終選択します。

★Aさんのデメリット「浪費家」はメリット「実家がお金持ち」で相殺
★Aさんのデメリット「ズボラ」とBさんのデメリット「片づけられない」は等価値だから消去
★Bさんのメリット「お人好し」はデメリット「断れない」と同じだから相殺

⑤最終的にAさんはメリット4項目、デメリット2項目で、合計「2ポイント」、Bさんはメリット3項目、デメリット3項目で合計「±0ポイント」。

合計ポイントを比べるとAさんのほうのメリットが大きいとなります。

大雑把にいうとこういう方法です。ここで重要なのは、項目を書き出すことで、その人のいいところと悪いところがより明確に見えてくるということです。

もし男性が前段階で、直観的に「Aさんがいい」と思っていた場合、出てきた結果にも「やっぱりAさんでよかった」と納得して結婚するでしょう。ところが逆に前段階では直観で「Bさんがいい」と思っていた場合、この結果を見た上でも、直観にしたがってBさんと結婚するという人も大勢いるはずです。

人には、直観ではすでに答えを決めているにも関わらず、論理的な思考を挟んだり外的条件を併せたりすることで決断を下せなくなることが多々あります。

そういった場合は、思考が直観をジャマしていると考えられます。

自分がその思考に至った経緯を整理し、直観と比較することで、潜在的な自分の気持ちに気づくことができます。そのために効果的な方法が、ベンジャミン・フランクリンの「精神的代数法」を応用した「書き出して明確にすること」なのです。

結婚相手をAとBから選ぶ方法

Aさん

メリット	点数	デメリット	点数
スタイルがいい	1	料理下手	-1
美人	1	性格がキツイ	-1
仕事がデキる	1	~~ズボラ~~	0
洋服のセンスがある	1	~~浪費家~~	0
~~実家がお金持ち~~	0		
メリット合計	4	デメリット合計	-2
合 計			2点

Bさん

メリット	点数	デメリット	点数
料理が上手	1	ちょっとぽっちゃり	-1
性格がやさしい	1	~~片づけられない~~	0
子ども好き	1	ものを知らない	-1
~~お人好し~~	0	~~断れない~~	0
		顔がイマイチ	-1
メリット合計	3	デメリット合計	-3
合計			0点

得点の高いAが結婚相手として優位だが、
Bのほうがなんとなくいいと思える場合は、
直観ではBを選んでいる

紙に書き出すことで直観と比較して、
自分の本心に気づくことができる

思考にはっきりと答えを出させて、「ああ、確かに思考のとおりだ」と思ったらその答えに従えばいい。

でも、「明確にしてみたけど、やっぱり思考の答えはオレのとは違う」のなら、素直に直観に従ったほうがいいという決断ができます。

思考による答えを可視化して、それと直観を比較することで、より正しい決断ができる。だから、紙に書くというプロセスはとても重要なのです。

まとめ

紙に手書きするというアナログな行動が、思い込みや先入観をあぶり出してくれる。

習慣 2

ブジャデを感じて「いつも」から脱却する

普段から創意工夫をする

ブジャデ——誤植ではありません。どこかで似たような言葉を聞いたことがありませんか。そう、ブジャデとは「デジャブ」の反対の意味を表す言葉です。

「デジャブ」は、

「あれ、これって前にもどこかで見た気がする」

「以前、どこかで経験したような感じがする」

といった「一度も体験したことがないのに、すでに以前に体験したことのように錯覚する現象」のこと。和訳すると『既視感（すでに見たことがある感覚）』になります。

そして、その逆が「ブジャデ」です。

言葉の意味合いも、デジャブの逆さまで**「いつも見ているのに、何度も経験しているのに、初めてのように新鮮に思える感覚」**ということになります。

直観を活かすためには、意識してブジャデを感じる姿勢がとても大事なのです。意識してブジャデを感じるとは「いつも見ているものを、まったく新しい別の視点で見る」ということ。

たとえば長い付き合いの友人や知人と会うとき、行きつけのお店に入るとき、毎日通っている道を歩くとき、手慣れた料理をつくるとき――こうした日常の「当たり前」に対して、初対面のような、初めて入ったり、歩いたり、つくったりするような感覚で向き合ってみる。

それを習慣にすることで、直観はさまざまなバイアスのマイナス影響を受けにくくなります。

そもそもバイアスとは「思い込み」や「先入観」、つまり「自分のなかでの当たり前」「いつものこと」を指しています。

ならばその「いつも」「当たり前」を、意識して「初めて」「当たり前じゃない」という視点で見てみましょうということ。**当たり前を捨てることは、直観をジャマするバイアスから脱却することとイコール**なのです。

もっと簡単に言ってしまえば、ブジャデとは**「普段から創意工夫をしろ」**ということに他なりません。

いつもの、当たり前の方法でやれば、ほぼうまくいく。

でも、毎回いつもと同じではつまらない。

何かほかにいいやり方はないか、別の方法はないか――こう考えるのが工夫であり、ブジャデです。

マイケル・ハウスマンという経済学者がおもしろい研究をしています。

彼は複数の企業で、社員が自分のパソコンでどのWebブラウザを使っているかを調査したのです。すると『Internet Explorer』や『Safari』を使っている人よりも、『Google Chrome』や『Firefox』を使っている人のほうが、創造性も売り上げも顧客満足度も高く、より長く勤務し、欠勤率も低かったという結果が出ました。

『Internet Explorer』、『Safari』、『Google Chrome』、『Firefox』という4つのブラウザは、性能に大幅な差があるわけではありません。しかしただ1つ、『Internet Explorer』と『Safari』はパソコンに最初から入っていて、『Google Chrome』と『Firefox』は最初から入っていないという大きな違いがありました。

ここからわかることは何か。

つまり仕事で成果を出しているのは、最初から入っているブラウザをそのまま使っている人より、自分で探してきてインストールしなければいけないブラウザを使っている人のほうだったということです。

与えられたもので満足せず、「もっと使いやすいものはないか」「もっと自分に合ったものはないか」と常に模索する習慣を持っている人は、ビジネスにも高いモチベーションで臨むことができるのです。

いつもこうだから。

みんなこうだから。

慣れたもののほうが安心だから。

こうした多数派同調バイアスや保守性バイアスは、自分の直観に従った思い切った決断や大きな選択、新しい発想をする際の大きな壁になります。

しかし、**日常生活やビジネスシーンでのブジャデ＝創意工夫を習慣にすることで、自分の直観からこれらのバイアスを払しょくすることができます。**

まとめ

ブジャデという温故知新のアプローチで、「いつも」のなかに「新しさ」を探す。

習慣3

成果に固執せず失敗を恐れない

自分の求めているもののために行動する

直観力を高める条件のところで「外発的動機づけ」の話をしました。

「年収が上がるから」「昇進できるから」「予算達成しなきゃ」「いついつまでに仕上げなきゃ」――こうした報酬や見返り、ノルマや締め切りなどの外的要因が動機となって行動をするとき、人はあまり直観を発揮できないというのは前述したとおりです。

さらに、行動に成果を求め過ぎると直観的な創造性も低下してしまうことがわかっています。

過剰に成果ばかりを求める心理は、そのまま「失敗を恐れる」心理に直結します。

そして失敗を恐れるあまり、目に見える根拠のない直観や、それに基づく創造性を信じることができなくなります。

結果、「直観なんて訳のわからないものを信じて失敗したらどうするんだ」「こんな奇抜なアイデアを出して受け入れられなかったらイヤだ」という心理状態になって直観は封じ込められてしまいます。


さらに企業や社会などの集団においては、「成果を求め過ぎる→失敗を恐れる」の次にやってくるのが**「発言が減る」**というフェーズです。

アメリカで行われた実験でも**「人は成果を求める欲求が強まると、失敗を恐れて自由な発言や創造性が減る傾向にある」**ことがわかっています。自己主張の強いアメリカ人でさえ口数が減るのですから、日本人ならばほぼ無言になってしまうでしょう。

これはとても大きな問題です。

自分が所属する集団が間違った判断をしたり、コンプライアンス的におかしな方向に向かい始めたりしたとき、**個人的には「これは違うんじゃないか」「それをやったらマズイだろう」と直観で感じても、過剰なまでに成果を求めていると、それを言い出せなくなってしまう**のです。

この集団のなかで成果を出したい。そのためには失敗して責任を取るようなことはしたくない。だから「違う」と感じても、その集団の間違った判断に対して意見できなくなる。口をつぐんでしまう。

もし集団の行動が問題になっても「自分はあのとき賛成も反対もしなかった。何も言わなかった」というエクスキューズになるから口をつぐむ。

こうしてみんなが黙り続けると、その集団は「自分たちが正しい」「自分が属している集団が正しい」という内集団バイアス、もしくは「大勢の集団のなかでは極論にも暴論にも同意する」というリスキーシフトといったバイアスに取り込まれてしまう可能性があります。

オリンピック選手のなかには国や競技協会、メディアなどが掲げる期待を背負い込み過ぎてそのプレッシャーに苦しむ人たちも大勢います。

選手個人が胸に掲げた目標よりもメダル獲得、絶対勝利という「成果」を求め過ぎて（この場合は「求められ過ぎて」ですが）、本来の力を発揮できないというケースもよく見られます。

これもまた、成果を求め過ぎることで「ミスできない」「負けられない」という心理になり、アスリートに欠かせない直観的なパフォーマンスに影響が出てしまう一例と言えるでしょう。

アスリートたちからよく聞く「楽しんでプレーしたい」「自分の実力を試したい」という発言は、まさに過剰な成果を求める姿勢とは真逆の心理。いわば内発的動機づけです。こうした心理状態でのパフォーマンスでは、選手たちの直観も大いに発揮されるはず。

成果ばかり求めていると、失敗したくないから直観を信じた行動ができません。で

成果を求め過ぎると発言が減るワケ

**失敗したくないという過度な負荷がかかり、
直観を信じた行動ができない**

も、自分のため、自分が求めるもののためなら、失敗もトライアルの1つだと思えるはず。

成果のためだけに動いてバイアスにがんじがらめになるのではなく、**「本当に自分が求めているもの」のために行動する。**日々の生活のなかでも、事あるごとに**「何のためにやるのか」を考える習慣をつける**ことで、自分を縛りつけるバイアスをほどいていくことができるようになります。

ハーバード・ビジネススクールのテレサ・アマビール教授によると、誰かと何かを競えば競うほど、創造性は低下してアイデアが出なくなるといいます。

競争したほうが頑張ろうとして直観も働きそうですが、実際は逆だということ。「あの人よりもすごいことをしよう」ではなく**「あの人と違うことをするにはどうすればいいか」という姿勢になる必要がある**のです。

前述したように、競争で勝ちたいという意欲は、直観をニブらせる「外発的動機づけ」の一種。競争に勝つという成果よりも、**創造する楽しさや喜びに目を向ける**ほうが直観は発揮しやすくなるのです。

まとめ

成果だけを求めると、失敗を恐れるあまり人は直観を信じなくなる。

習慣4

有酸素運動と読書で固い頭がやわらかくなる

認知予備力が保守性バイアスをブロックする

それまで持っていたモノの見方や考え方に固執して新しいことを受け入れようとしない「保守性バイアス」には、脳科学的に明解な説明がつきます。

基本的に人間の脳は、1つの神経細胞のネットワークをつくったら、ずっとそれを使うようにできています。そのほうが情報のやり取りが楽だからです。

200ページの図のように、細胞Aと細胞Bを①のルートでつないでネットワーク

脳の神経細胞のネットワーク構築のしくみ

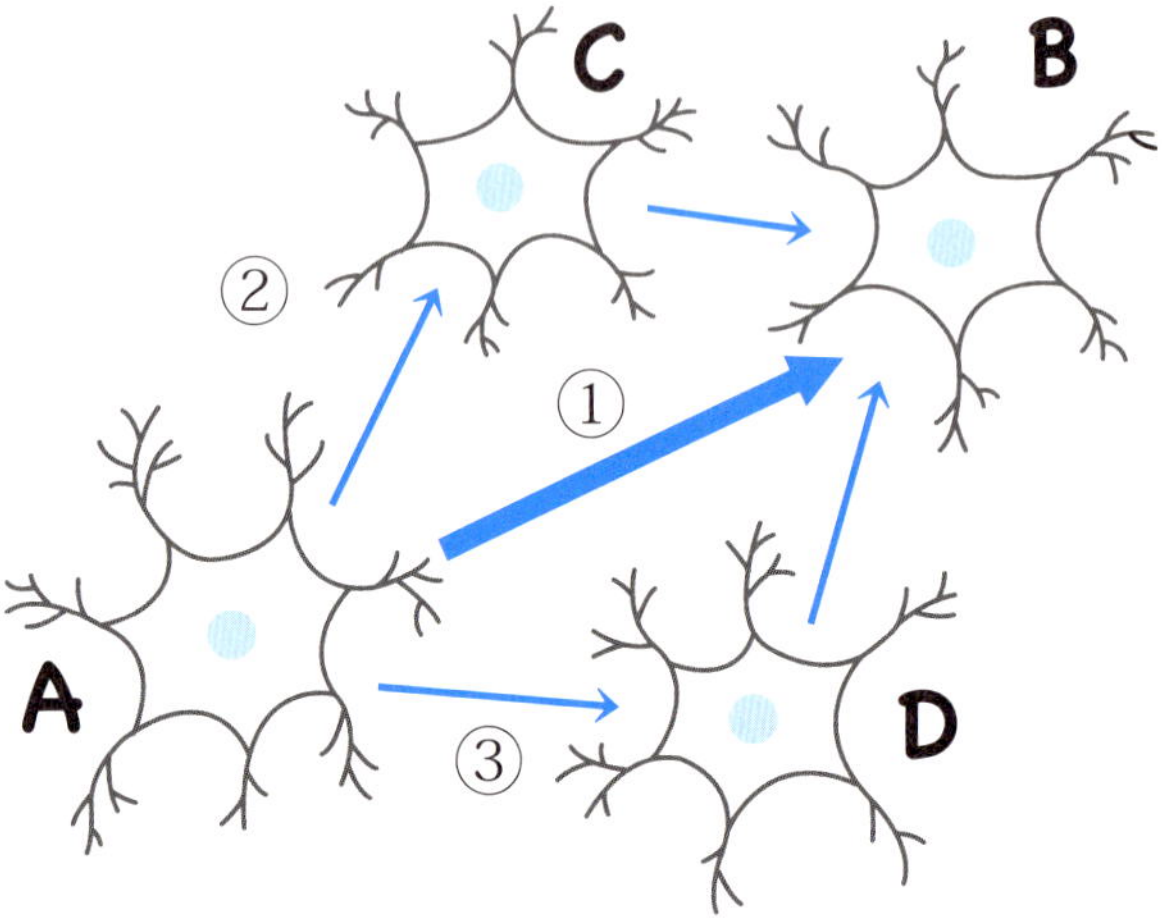

を構築したら、以降もそのルートだけを使うのです。ほかに繋がりかけたルートがあっても、そちらは使わずに①だけを使い続けます。

そのため①のルートはどんどん太く、強固になります。細胞Aと細胞Bをつなぐためには①しか使えなくなってしまいます。

それはつまり、1つの行動に対して同じ思考しかできなくなるということ。**頭が固く新しいことを受けつけない頑固オヤジはこうして出来上がります。**

子どもの頃、人間の脳は細胞間のルートをたくさんつくっています。最短のルートもあれば、遠回りするルート、一回細胞Cを経由してからつなぐルートなど、新しく見たり聞いたり経験したりするたびにルートをつくるため、細胞間ネットワークのルートのバリエーションが実に豊富。だから子どもの発想は柔軟で、1つのことに対して思わぬ考え方ができたりするのです。

ところが大人になるにつれて新しい刺激も少なくなり、どうしても決まったルートしか使わなくなります。そしてあまり使っていないルートはプツッと切ってしまう。そして気がつくとルートが1つしか残っておらず、新しいものを受け入れることが難しくなります。こうなったときに人は保守性バイアスの塊になるんです。

こうした保守性バイアスを防ぐための方法として挙げられるのが、**有酸素運動と読書**です。

1つは**有酸素運動**。

軽いジョギングやウォーキングなどの有酸素運動を継続的に行うと、脳のなかで**脳**

由来神経栄養因子（ＢＤＮＦ）という物質が分泌されます。そしてこのＢＤＮＦによって新しい脳の神経細胞や神経回路が形成されることがわかっています。

早歩きすると頭が冴えて創造性が高まり、その効果が持続するというのは日本体育大学の研究です。

分速１５０メートルで走る。分速１００メートルで早歩きする。分速50メートルで歩く。この３つを比べて、もっとも創造性が高くなるのは分速１００メートルの早歩きだったという結果が出ています。

ハーバード大学のジョン・Ｊ・レイティ博士の研究でも、10～20分くらいの早歩きで、やはり脳のなかにＢＤＮＦが分泌されて脳が成長することがわかっています。

また、イリノイ大学のアーサー・クレマンの研究では、定期的な散歩によって意思決定を司る前頭葉の機能が活性化するという報告もあります。

速度の速いランニングでも、ゆっくりのウォーキングでもなく、スタスタ歩く早歩きが、直観にはちょうどいい運動と言えるかもしれません。

頑固オヤジにならないための神経細胞の増やし方

2つめは**読書**です。

本の虫などと呼ばれる読書好きな人は「頑固で堅物で融通が利かなそう」というイメージを持たれがちですが、実は逆で、読書が好きな人は考え方がとても柔軟です。

なぜなら、本を読むことで新しい刺激に触れる機会が多いから。

読書を通じて受けた新しい刺激によって、脳細胞に今までなかった新たな神経回路が数多く構築されます。新しい刺激という意味で、読書のほかに**旅行なども同様の効果があると考えられます。**

有酸素運動も読書も旅行も、それをすることで脳に新しい神経回路をつくるという効果があります。つまり200ページの図のように、ルート①しかなかった細胞間に、②や③といった新しいルートができるということ。

こうしてできた新しいルート（神経回路）のことを**「認知予備力」**と呼びます。メインルートの予備、情報伝達の迂回ルートのようなもので、この認知予備力があると、ものごとに対して新しい見方や考え方を受け入れられるようになります。つまり、保守性バイアスの回避に繋がるのです。

新しい神経回路ができることで、一本しかない道を頑固に通り続けるのではなく、違う道を通って新たな景色を見ることができるようになります。

「新しいものは好かん。昔のやり方がいちばん」といった保守性バイアスの権化のような頑固オヤジにならないためにも、**常に新しい体験、新しい刺激を脳に与えることが大事**なのです。

ちなみに認知予備力を高めることは、認知症の予防やボケ防止にもなります。

たとえばアルツハイマー型認知症は、脳細胞に異常たんぱくが溜まって細胞が壊れたり回路が切れることによって情報伝達ができなくなることによって発症します。

そこで認知予備力が高く脳細胞間の迂回ルートをたくさん持っている人は、そのうちの1、2本切れてもほかに使える予備のルートがいくつも残っているから情報伝達に支障が出ないのです。

適度な運動や散歩、読書や趣味など、脳に新しい刺激を与えるような習慣があると、アルツハイマー型認知症になる確率も大幅に低くなります。

まとめ

適度な有酸素運動と読書で認知予備力を上げれば、頑固で保守的な頭はやわらかくなる。

習慣 5

違う分野の友人が常識や先入観を排除する

人間関係にバリエーションを持たせる

2章の条件⑤では、同じ分野で切磋琢磨できるライバルの存在が、内発的動機づけを高めて直観力をアップしてくれるという話をしました。
ここではさらに、ライバルとはちがう仲間、直観をニブらせるバイアスを回避するための人間関係の習慣について述べようと思います。

いわゆる天才や成功者に共通する法則というのはあまり見つかってはいませんが、

数少ない共通点の1つに**「自分とはまったく違うタイプの友人がいる」**ことが挙げられます。

天才や成功者の発想や先見の明、直観力は、その人の人間関係のバリエーションが大きく影響しているのです。

同じ業界で、同じような職種で、自分と似たようなタイプの人とばかり付き合っていると、知らないうちに自分の仕事や行動における脳の判断能力が低下してきます。

1つの分野で知識や経験を積むことは、直観の源泉となるデータベースを拡充するために欠かせない条件です。

ただ裏を返すと、**限られた分野のなかだけで経験を重ねることで、「この分野はこういうもの」といった先入観や偏見を抱えることにもなりかねません。**

こうした先入観や偏見こそが、直観をニブらせ、誤った方向にミスリードするバイアスなのです。

逆に**分野を問わずにさまざまなタイプの人たちと人間関係が築ける人は、脳の判断**

能力が向上することもわかっています。

たとえば戦国武将の織田信長と茶人・千利休。信長が茶の湯を愛したのには、自分に新しい刺激を与えるためという理由もあったかもしれません。

殺伐とした血なまぐさい戦場に身を置く信長は、利休を介して心静かに茶を楽しむというまったく違う世界の知識や経験を積み、**自分のなかの常識や先入観などを排除することで、過去にとらわれない戦略を考えようとした**のではないか。そんなふうにも思えます。

仕事が終わって飲みに行くならいつもの決まったメンツではなく、たまには社外の人を誘ってみる。新しい趣味を始めてスクールに通ってみる。仕事と関係のないコミュニティに参加する。異業種交流イベントなどに参加してみる——方法はいろいろあります。とにかく意識して人間関係のバリエーションを広げることが大事です。

自分の仕事や専門とはまったく異なる分野の人とコミュニケーションを図ること

信長が革新的だったワケ

自分のなかの常識や先入観などを排除することで
過去にとらわれない戦略を考えようとした

で、**脳は新鮮な刺激を受けてより活性化します。**

常識の異なる分野の人の話を聞くだけで、自分の仕事をまったく新しい角度から見ることができるようになります。

そうした新しい視点を持つことが、自分の分野の常識に凝り固まっていた〝固くて四角い脳〟を〝やわらかで丸い脳〟に変えてくれます。鋭い直観は、そんな柔軟な脳から引き出されるのです。

まとめ

人間関係のバリエーションを広く。自分と違う世界の人が直観を生む刺激になる。

5章

直観を手なずけるトレーニング

5つのトレーニングで直観力づくりにチャレンジ

直観は技術であり、鍛えることができる。条件を整えることで直観の精度を上げることができる。直観をニブらせるワナを回避できれば直観は本来の力を発揮できる。

ここまで、こうした解説や事例、ノウハウを紹介してきました。

最後の章では、〝直観を発揮し、手なずけ、活かせる自分〟になるための、より具体的な行動トレーニングをまとめました。

ここで提示するのは、直観力の素地をつける5つのトレーニングです。

直観とは、積み重ねた知識や経験というデータベースに、脳が無意識にアクセス&検索して引き出す意思決定や選択の答え、ひらめきやアイデアのこと。

つまり、本来ならば地道に自分の専門分野で経験を積み、学習を重ねてデータベースを拡充していくことが直観力アップのいちばん〝まっとうな〟方法です。

「これから積み重ねるんじゃ、いつまでたっても直観力は身につかない」とガッカリした方、そんなことはありません。

なぜなら、みなさんにも、これまでに積み上げてきたデータベースがあるはず。それを十分に活かして直観を発揮する。持っているのに活かしてこなかった直観を活用する。そのための素地をつくり、脳の無意識の働きにエンジンをかけるためには、脳の使い方を習慣づけすることです。

5つのトレーニングを習慣化できたとき、あなたの脳は少しずつ変わります。あなた自身がそれと気づかなくても、これまで眠っていたあなたの直観力は、無意識のうちに目を覚ましているはずです。

「当たった直観」を書き出す

自分の直観を信じるためのトレーニング

直観力を高めるために**絶対必要な条件は、「自分の直観を信じること」**です。5つのトレーニングの最初は、直観を活かすための土台づくりから始めましょう。

自分の直観を信じている人と信じていない（信じられない）人。「自分の直観はよく当たる」と思っている人と「外れてばかり」と思っている人。その決定的な違いは、**「何を覚えているか」**にあります。

直観が当たると思っている人は「直観で行動してうまくいったこと、直観が当たったときのこと」のほうを強く覚えています。

一方、自分は直観がないと思っている人は、「期待が裏切られたときのこと」「直観が外れたときのこと」ばかり覚えているもの。ネガティブな事例だけが記憶に残っているために、「いつも外れる」と思い込んで信じられなくなっているのです。

直観が当たる人は「当たったこと」を覚えている

ネガティブなことばかり覚えているから信じられない――ならば、直観を信じるためにはどうすればいいか。

答えは簡単。**「直観が当たったときのこと」を意識して覚えておけばいい**のです。

10回の直観のうち3回当たった場合、「3回も当たった」と思うか、「7回も外した」と思うか。ポジティブとネガティブ、どちらに目を向けるか。直観を信じられるかどうかというのは、実はこうした問題なのです。

たとえば株価の動向や、上がる株・下がる株を予測する証券アナリスト。彼らの予測の正解率は実際のところ、平均で3割に届いていません。つまり8割近くは予想を外しています。

実際に、〝投資のバイブル〟といわれるプリンストン大学名誉教授バートン・マルキールの著書『ウォール街のランダムウォーカー』によると、利益の出るポートフォリオ（投資信託や株購入の組み合わせ）の予想を、

①プロの証券アナリストに組ませる
②個人投資家のサラリーマンに組ませる
③小学生の女の子に組ませる
④サルにダーツを投げさせて決める

で行ったところ、結果的にはどれも大差がなかったといいます。プロでも個人でも、知識のない子どもでも、サルが適当に決めても、当たる確率はほとんど変わらないと。むしろ予想に手数料が発生する証券アナリストがいちばん不利だという皮肉な実験結果が報告されています。

それでも彼らがプロとして自信を持てるのは、予測が当たった3割の実績のほうをよく覚えているからなのです。

毎晩、「なんとなくうまくいったこと」を書き出す

では実際に**「当たったことを記憶する」トレーニング**を紹介しましょう。

アメリカのポジティブ心理学者セリグマン博士が考案した「スリー・グッド・シングス（three good things）」という鬱の改善プログラムがあります。

これは、寝る前にその日にあった「いいこと、嬉しかったこと（good things）」をノートに「3つ（three）」書き出すというもの。そうすることで、ものごとのいい面をとらえ、ポジティブに考えるクセがつくのです。

これをアレンジして、直観に対するポジティブな自信を身につけようというのが、1つ目のトレーニングの目的です。

やり方は実に簡単。難しいことは何もありません。

夜、寝る前にその日1日を振り返って「なんとなくの直観が当たった」「自分が思ったとおりになった」という出来事をノートに書き出す。それだけです。

〝なんとなく〟「おもしろそう」で買った本が、想像以上におもしろかった。

〝なんとなく〟「降りそう」と傘を持って出たら、夕方から雨になった。

〝なんとなく〟「良さそう」だと思って入ったレストランが大当たりだった。

〝なんとなく〟「連絡がありそう」と思ったら、やっぱりメールが来た。

どんな些細なことでも構いません。

スリーシングスでなくてもOK。1つだけでも構いません。

人間は自分の信念を強める証拠を集める傾向にあります。**自分の選択が当たったこと、直観がいい結果を生んだことに、意識的に目を向けることが重要なのです。**

そうすることで少しずつ「自分の直観は、すごくではないけれど〝そこそこ〟は当たる」という自信を持てるようになっていきます。

まとめ

外れた記憶より当たった記憶に目を向ければ、自分の直観を信じられるようになる。

トレーニング 2

相手の「いいこと」情報を集める

直観を人間関係に活かすトレーニング

「直観を人間関係に活用するには」を考えていたとき、対人心理学者マーク・スナイダーのおもしろい研究を思い出しました。

男性に、ある女性と電話で話をしてもらいます。男性と女性はまったく面識がありません。ただし、男性には電話をする前に「今からこの方に電話をかけてもらいます」といって女性の写真を見せます。そのときの写真が、

A．美人で魅力的な女性の写真
B．ごく普通の女性の写真

この2つのケースを分析したところ（電話に出る女性は同じ人）、Aの魅力的な写真を見せた場合のほうが会話が弾み、電話をかけた男性が〝相手の女性から好意を持たれる確率〟が高かったのです。

相手の女性のことを「魅力的な人だ」と思って電話をかけたほうが、相手の女性が自分に対して魅力を感じてくれる確率も上がるということです。

なぜそんなことが起こるのか――ここに直観が関係してきます。

魅力的な女性の写真を見せられると、男性のなかに「この女性から好意を持たれたい、好かれたい」という願望が生まれます。

すると「どうすれば相手に好かれるか」など意識して考えなくても、**無意識のうちに「好かれるようにふるまおう」と直観的な判断をし、行動に出る**ということです。

「これから魅力的な女性に電話するんだ」と思うと、なんとなくカッコをつける、いいところを見せようとする、無意識に相手の心を引くような行動をとる。

逆に、魅力を感じない女性の写真を見せられた状態で電話すると、「好かれたい」と思わないために、ごく一般的な対応になる——こういうことです。

これは逆もまた然りで、相手のことを「魅力的ではない」「苦手」「かかわりたくない」などと思うと、**直観的にその人を遠ざけるような行動をとる**ようになります。

たとえば、アニメキャラなど二次元の女性にしか興味がないという人たちがいます。趣味嗜好に関しては置いておくとして、彼らはよく口にするのが「三次元（本物）の女性は付き合うと面倒くさい、結婚すると面倒くさい」といった思い込みです。

その思い込みによって彼ら自身がリアルな女性に魅力を感じられないために、どうしても「面倒なところ」ばかりに目が向いてしまう。その結果、直観は自分たちの信念（思い込み）を強める方向に働き、リアルな女性に会っても相手を遠ざける行動をとるようになるわけです。

相手の「いい情報」で、ポジティブな直観を起動する

ポジティブな思い込みによって直観的に行動を変えることで、より自分が望んでいる結果を手に入れることができる――ここに直観を人間関係に活かすヒントがあります。

つまり、**相手と友好な人間関係を築きたければ、事前に相手の長所やいいところなどのポジティブ情報を仕入れてから接する**ようにするのです。

その情報が「この人といい人間関係を築きたい」という願望を呼び、無意識の直観が自分の言葉や行動を「相手に好かれるような振る舞い」に変えていき、**結果として相手のほうがこちらを好ましく思ってくれる**――こうした帰結になる可能性が高くなります。

ここでは、「相手のいい情報を集める」というトレーニングにチャレンジしましょう。

初対面の人と会うときならば、たとえば、

●初対面のAさん——・コワモテで不愛想だけど部下からの人望は厚いらしい。
・ほかの取引先の話では、「Aさんファン」が多いらしい
・一度気に入ると、とことん面倒見てくれるらしい。
・仕事には厳しいけれど、家では愛妻家で子煩悩らしい。

など、「この人といっしょに仕事をしたい」「認めてもらいたい」「好感を持たれたい」と思えるようなポジティブ情報を、事前に周囲から仕入れておく。それだけで、自分自身の行動が変わってきます。

また、すでに知っている周囲の人たちに対しても、個々の人たちの長所やいいところを思い起こして書き出してみましょう。

●部下のBさん　――・とにかく根性がある。
・学生時代、野球部レギュラーだったのにケガで断念、自らすすんでマネージャーを引き受けたらしい。
・母ひとり子ひとりで、すごく母親思いらしい。

●経理のCさん　――・大学時代に「準ミス〇〇」だった。
・毎日お弁当を自分でつくっているらしい。
・後輩の女子社員からも慕われているみたい。

相手に対する自分のプラスの思い込みを再確認することで、やはり自分の行動に変化が現れて、より関係性が良くなる可能性が高まります。

苦手だと思っている人でも、改めて「いいところ」の情報を仕入れてみると自分のなかの思い込みが矯正されて、付き合い方が変わってくるかもしれません。

第3章で、思い込みや先入観は直観をニブらせる「バイアス」だと述べましたが、そのバイアスも〝使いよう〟。バイアスの存在を知った上で、その影響を逆手にとってポジティブに使えば、直観をより活かすことも可能だということです。

会話や人付き合いのテクニックを学ぶといった技術的な部分を磨くより、相手のことを「いい人だ」「いい付き合いがしたい」と思い込む。

自分にとってプラスになるポジティブな思い込みが直観を研ぎ澄まし、その直観が相手に好かれるために適切な行動を無意識にとらせる。

人間関係をプラスに転じるためには、そのほうがより効果的です。

直観は第一印象で相手がどんな人物かを判断する大きな指標になりますが、それだけでなく相手との関係性をよくするためにも活用できるのです。

まとめ

相手のいいところに注目することで、直観は人間関係をプラスに導いてくれる。

トレーニング 3

4つのゲームで直観の精度をアップする

「なんとなく」と「ひらめき」を鍛えるトレーニング

3つめに行うのは、より具体的に直観を鍛えるトレーニングです。

クリエイティブなものの見方が直観を働きやすくさせる条件だということはすでに述べたとおり。ここではそのクリエイティブな視点を磨くことで、意思決定や選択の根拠となる「なんとなく」の精度をより高め、**「ひらめき」や「アイデア」を生みだす創造力を鍛えます。**

ここで紹介するのは次の4つのゲーム。

①　宇宙人遭遇ゲーム
②　あり得ない出来事ゲーム
③　タイトル付けゲーム
④　代用法発見ゲーム

①は「なんとなく」の精度を高め、②〜④は直観的に〝ひらめく脳〟の素地をつくるゲームです。

このトレーニングはレッスンというより、気軽に楽しみながら遊び感覚で取り組める内容になっていますので、ちょっとした空き時間を利用して、ぜひ続けてみてください。

①　宇宙人遭遇ゲーム

これは「今、あなたの目の前に宇宙人が現れました。さあ、その宇宙人とコミュニケーションを取ってください」というゲームです。

　当然、宇宙から来た異星人には、地球の言葉は通じません。ならばどうやって相手と意思疎通を図るか。それを考えるのがこのゲームの目的です。

　つまり、言葉に頼らずに、声や表情、所作や態度、振る舞い、服装などの情報から相手の意思や心の状態を読み取る――**ノンバーバル（非言語）コミュニケーションのトレーニング**になるわけです。

　イスラエルのベングリオン大学のエイモス・ゴール氏と、ヘブライ大学のタマール・ラポポート氏の研究によると、この「宇宙人遭遇ゲーム」を朝晩1時間ずつ計2時間行い、それを10日間続けた結果、被験者の

宇宙人遭遇ゲーム

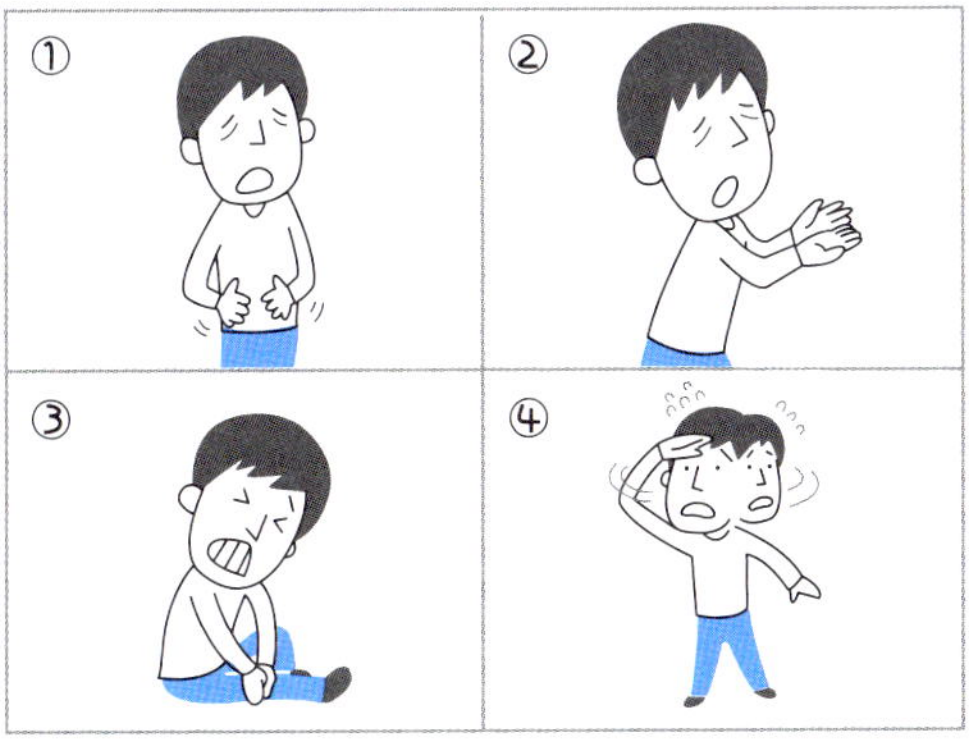

答え：①おなかが空いたよ　②何か食べものをください
③足を怪我していたいよ　④探しています

直観力がアップして、しかも4ヶ月後もアップした直観力を維持していたといいます。

言葉に出さなくても、表情や仕草から「疲れていそう」「機嫌が悪そう」「嬉しいことがあったみたい」「何だか落ち着きがない」「イライラしてる?」といったことを〝なんとなく〟読み取る。ノンバーバルコミュニケーションを通じて、**〝なんとなく〟の精度を高める**ことができます。

② あり得ない出来事ゲーム

読んで字のごとく、ありえない出来事が起こったと想定して、その場合のメリットとデメリットを考えるゲームです。たとえば、

あり得ない出来事ゲーム

●突然巨大な隕石が落下して、日本が東日本と西日本とにばっさりと割れてしまった。それによって世界に日本に、私たちに、どんなことが起こり、それはどんなメリットやデメリットをもたらすか。

●日本が税制をすべて廃止して、「国民は個人で勝手に生きてください」と言い出したらどうなるとか。

●太平洋のど真ん中に、日本と同じくらいの島が突然出現したらどうなるか。

●日本中で向こう1年間、一切の電気が使えなくなったらどうなるか。

——何でもかまいません。こうしたあり得ない（であろう）出来事をお題に立てて、発生するだろう事象を考えることで創造性を鍛えます。

③ タイトル付けゲーム

『IPPONグランプリ』という大喜利のテレビ番組では、とくに意味のない写真を見てコメントをつける「写真でひと言」というお題が出されます。同様に、意味不明な絵や写真を見て、それにタイトルや見出しをつけるゲームです。

④ 代用法発見ゲーム

普段、当たり前のように使っているものについて、今までとは違った使い方をあれこれ考えようというもの。前述したブジャデ（＝「いつものもの」に新しさを見出す視点）を鍛えるゲームです。たとえば、

●洗濯物用の四角いハンガーの違う使い方
●「高枝切りハサミ」の違う使い方
●キッチンの魚焼き網の違う使い方
●空のＣＤケースの再利用法
●空のペットボトルの再利用法

——といった具合です。自分で「こんなのあり？」と笑ってしまうようなことでＯＫです。

思いついたことを紙に書き出しましょう。

タイトル付けゲーム
この絵に名前をつけて下さい

オフィスや自宅で周囲を見回せば、いくらでもお題は見つかるはず。また、100円ショップなどに行って「何に使うんだろう?」という商品を探して、使い方を考えるなんていうのもいいかもしれません。

こうしたゲームを足がかりに、**普段から「違う角度でものを見る習慣」を身につけることで、ひらめき脳はスクスクと育っていきます。**

まとめ

「なんとなく」も「ひらめき」も遊び心から。ゲーム感覚で、楽しみながら直観を鍛える。

代用法発見ゲーム

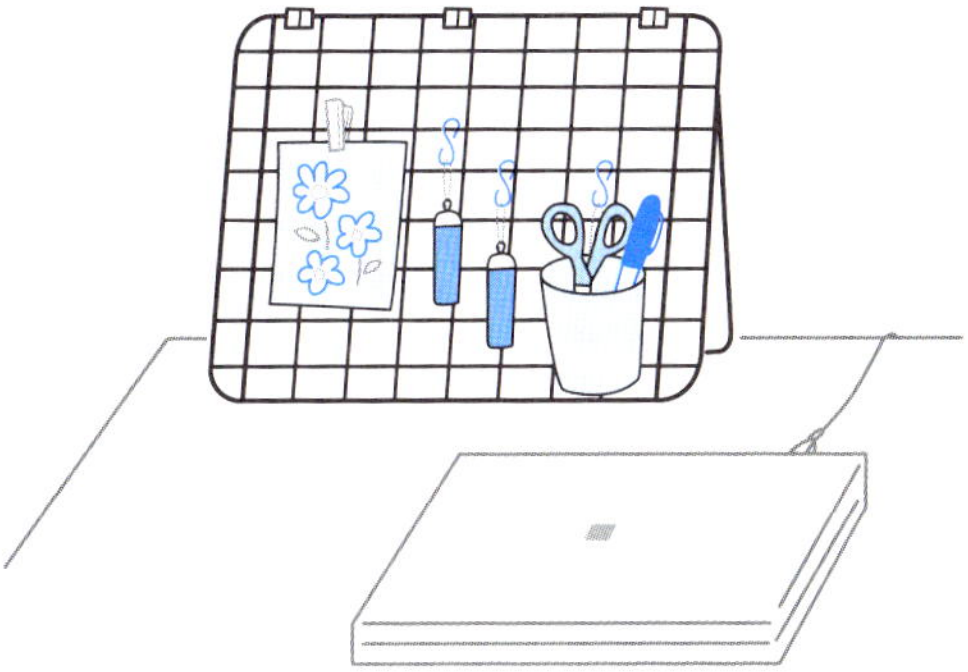

暮らしに「笑い」を取り入れる

やわらかい脳をつくるトレーニング

4つめはとても取り組みやすいトレーニングです。だって「笑う」だけですから。

笑いと脳の活性化には密接な関係があります。笑うと脳波に〝アルファ波〟が増えて脳がリラックスする、笑うと大脳新皮質に流れる血液量が増加して脳の働きが活発になるなど、さまざまな角度からその関係性が研究されています。

また、笑いが認知症の進行を遅らせる可能性――「よく笑う人」は「ほとんど笑わない人」に比べて認知症の進行が著しく遅いということも指摘されています。

ならば、笑いが直観の働きにもプラスの影響を及ぼすのは想像に難くありません。

笑うことで脳内には**「セロトニン」**というホルモンが分泌されます。セロトニンは、ドーパミン、ノルアドレナリンと並ぶ神経伝達物質で、精神を落ち着かせて心を穏やかに安定させる働きがあります。

セロトニンがしっかり分泌されると、脳内では、不安や怒り、焦りといったネガティブ感情がほどよく抑制されます。つまり、**直観が働く条件の1つである〝ストレスのないフラットな状態〟がもたらされるということ。**

笑うことが脳の安定と活性化を促し、直観が働きやすい脳内環境づくりに大きく影響しているのです。

大笑いすれば、直観力は3倍もアップする！

アメリカ・メリーランド州にあるバルチモア大学のアリス・アイセン博士が行った研究でも、笑いと創造性（ひらめき）の関係性が報告されています。

被験者に対してひらめき度を試す「創造力テスト」を行なうのですが、テストをする前に〝何をしたか〟によって、ひらめき度が変わってくることがわかりました。

被験者に以下の5つの行動をとらせたあとで創造力テストを実施したところ、その正答率には以下のように大きな違いが現れました。

①何もしない――16%
②数学の講義の映像を見る――11%
③甘いものを食べる――25%
④軽い運動をする――26%

⑤コメディを見て大笑いする——58％

つまり、もっとも創造的になったのは「大笑いしたあと」だということ。何もしなかった場合と比べて、**創造性が3倍以上もアップした**ことになります。

この実験結果からもわかるように「楽しくて笑う」「おかしくて笑う」ことは、直観にとって大きなメリットがあります。**普段の暮らしに意識的に「笑い」を取り入れることは、直観力の発揮にも大きなプラスになる**のです。

「笑い」に触れるのにいちばん手っ取り早いのは、テレビのお笑い番組やコメディ映画、インターネットのお笑い動画などを見るという方法です。

とくに今は、YouTubeをはじめとする動画サイトでお笑い芸人さんのネタをまとめた映像やおもしろ動画などが手軽に視聴できる時代。これを利用しない手はありません。迷ったときや行き詰まったときにはいったん思考をとめて、お笑い動画で脳をリフレッシュ。思い切り笑って直観力を高めることをおすすめします。

さらに言えば、テレビ番組や動画だけに頼るのではなく、笑いを日々の習慣にするのがベストです。

日頃から周囲を観察して「おもしろいこと」「笑えること」「滑稽なこと」を探す。笑いのアンテナを敏感にして、おもしろいことに反応するクセをつける。

ストレスやネガティブ感情による脳の不安定な状態を軽減することで、創造性はより発揮されやすくなります。

まとめ

笑う門には「直観」来たる。
大笑いが直観力アップのスイッチになる。

トレーニング 5

「食」と「住」に気を配って脳を活性化する

直観力を上げる環境改善トレーニング

最後のトレーニングは、直観が働きやすい「生活環境」の整備。平たく言えば、脳が活性化しやすい暮らしを心掛けるという取り組みです。

ここでは、衣食住のなかの「食」と「住」について、脳の活性化と直観力アップに直結する環境改善のヒントを紹介します。

食事――「脳にいい脂肪」を摂る食習慣を

脳の働きを左右する外的要因はさまざまですが、もっとも気をつけなければならないのが「食事＝食べるもの」です。

とくに重要なのが「脂肪」。ダイエットの宿敵とされている脂肪ですが、脳の活性化には欠かせない主役級の栄養素なのです。

人間の身体の約60～65％（成人の場合）は「水」でできていることは、みなさんもご存知かと思います。

では脳だけを見たらどうか。**実は私たちの脳の60％は「脂肪」でできています。**

脳内には神経信号を伝える神経線維（軸索《じくさく》）が張り巡らされており、その神経線維はミエリン鞘《しょう》（髄鞘）という鞘に覆われています。ケーブルに例えれば、電線が神経線維でそれを覆っているゴムチューブがミエリン鞘ということ。このミエリン鞘の主成分が脂肪なのです。

そして、脳内で脂肪が不足するとどうなるか。わかりやすくいうと、ミエリン鞘が減って、神経線維から神経信号が〝漏れる〟ようになります。そのため正しく信号が伝わらなくなり、脳の働きが低下してしまいます。この状態が進行するとアルツハイマーなどの認知症に繋がってしまう恐れも。

脳の活性化に脂肪の摂取が重要なのはこうした理由があるからです。

食事――積極的に摂りたい「オメガ脂肪酸」摂ってはいけない「トランス脂肪酸」

脳の活性化に欠かせない脂肪ですが、脂肪なら何でもいいわけではありません。摂るべき脂肪と、摂ったらヤバい脂肪があります。

脂肪は大きく分けると、

●常温で固まりにくい「不飽和脂肪酸＝オメガ脂肪酸」
●常温で固まりやすい「飽和脂肪酸＝トランス脂肪酸」
の2種類に分類されます。

結論からいうと、**摂っていい（積極的に摂りたい）脂肪は「オメガ脂肪酸」、摂ってはいけないのは「トランス脂肪酸」です。**

「オメガ脂肪酸」は脳の神経細胞に欠かせないとされ、不足すると認知症などのリスクも高まると言われています。

オメガ脂肪酸には、DHA（ドコサヘキサエン酸）やEPA（エイコサペンタエン酸）などの「オメガ3脂肪酸」と、ARA（アラキドン酸）などの「オメガ6脂肪酸」があり、いずれも食事などで補うことが必須な「必須脂肪酸」と呼ばれています。

一方、マーガリンやショートニングなどに含まれる「トランス脂肪酸」は、LDL

（悪玉）コレステロールを増加、ＨＤＬ（善玉）コレステロールを減少させる働きがあり、心疾患や生活習慣病などを引き起こす可能性を高めると言われています。

それに加えて危惧されるのが、脳への悪影響です。

簡単にいうと、**トランス脂肪酸は「脳の神経細胞の膜を固くする＝人間の脳を硬化させてしまう」**働きがあります。

神経細胞が固くなると、新しい神経線維が発生しなくなります。すると古い神経線維ばかりを使うようになる＝古い考え方ややり方に固執するようになる。文字どおり、物理的に、〝頭が固くなって〟しまうわけです。

トランス脂肪酸は、古い考え方に固執する〝物理的な保守性バイアス〟を引き起こして直観を妨げる〝摂ってはいけない脂肪〟ということ。

毎日の食事をもう一度見直して、**脳にやさしく直観が働きやすい〝オメガ脂肪酸ファースト〟の食習慣を心掛けてください。**

●オメガ脂肪酸を多く含む食品
まぐろ、かつお、あじ、さば、いわし、ぶりなどの青魚、くるみ・チアシード。卵、豚レバーなど。

●トランス脂肪酸が含まれる食品
マーガリンやショートニング、それらを原材料に使ったパン、ケーキ、クッキー、スナック菓子など。

食事――低GI値のアーモンドで脳にエネルギーを

オメガ脂肪酸に加えてもう1つ、脳の活性化に欠かせないのが「GI値の低い食品」です。

GIとはGlycemic Index（グリセミック・インデックス）の略で、食後の体内における血糖値の上昇度を示す指標のこと。**食後すぐに血糖値がグーンと上昇する食品を高GI食品、じわじわと上昇する食品を「低GI食品」**と呼びます。

食事を摂ることでブドウ糖が補給され、血糖値が上がると脳にもエネルギーが行き渡り、働きが活性化します。

ただ、血糖値というのは急に上がると急に下がり、ゆっくり上がるとゆっくり低下する性質があります。そして急激な血糖値の上昇下降は、脳にとって逆にストレスになってしまいます。

ですから、じんわり穏やかに血糖値が上がる**低GI食品のほうが脳へのストレスも少なく、急激に低下もせず、安定したエネルギー供給ができる**のです。

直観力を高めたい、アイデアを思いつきたいというときのエネルギー補給に低GI食品は最適と言えます。

なかでもオススメは**無塩のナッツ類、とくにアーモンド**です。GI値が非常に低い上に、手のひら一杯分くらいの適量なら満腹になって眠くなる心配もありません。

さらにニューヨーク大学のアーリックマンという教授の研究では、アーモンドの香りはひらめきを生むのに適しているという報告があります。

GI値が低く、香りもいい。アーモンドはまさに脳のための食品と言えるでしょう。間食などでこまめにナッツを食べることで、脳は常にエネルギーに満ちた状態を維持することができます。

住環境――部屋を片づけるだけで直観力はアップする

非常に優れた能力を持つ人間の脳ではありますが、一度に処理できる情報量には限界があります。

アメリカの認知心理学者ジョージ・ミラーが提唱した「マジックナンバー7±2」では、**人間の脳が短期的に記憶できる情報は7つ**（±2、つまり5～9）までとも言われています。

多くの情報に直面すると、脳では論理的な判断が困難に、もしくは間違った直観が生まれやすくなる恐れがあります。

「AかBのどちらかを選ぶ」という場合でも、周辺情報が多くなるほど論理的に考えても迷いが生じるし、情報が多い分だけバイアスも増えてまっさらな直観が働きにくくなるでしょう。

そうした視点から直観の働きやすい住環境を考えたとき、1つ言えるのは**「部屋の中が散らかっているとアイデアが出てこない」**ということです。

整然と片付いた部屋と比べて、ゴチャゴチャ散らかった部屋では、視界に入り込んでくるもの、つまり視覚がとらえる情報が格段に多くなります。

すると脳への情報量の負担が多くなって直観が働かない、直観が生まれる余裕がなくなってしまいます。

天才は散らかった部屋で研究しているというイメージがありますが、そうした状況でも直観が鋭く働くのは、ほんのひと握りの突き抜けた特殊な人たちだけの話。彼らには散らかっている部屋の状態自体が見えていない、その部屋にいながら違う世界にいるのです。

そこまでの天才ではない私たちの場合は、**まず部屋を片づけましょう。**視界に入るものを少なくしましょう。**脳への情報負担が少ない環境を整えることも、直観力アップのアプローチの1つ**になります。

住環境――「いつもと違った部屋」が脳を刺激する

さらに、片づけて不要なものを捨てたり、部屋の掃除をしたり、ときには部屋の模様替えをしたりすることは、その行為自体が脳の活性化に繋がります。

ものをしまう順番を考える。必要か不要かを決める。何をどかして、何を移動させて、そこに何を持ってくるのかを順序立てて構成する。

こうした行動は、思考や行動、意思決定などを司る前頭葉にいい刺激を与え、脳が活性化するのです。

しかも、片づけをしてきれいになった部屋を見たり、模様替えをしたりして部屋をこれまでとは違った状態にすることも、脳にとっては新しい刺激になります。

その際に観葉植物などを置くのもいいでしょう。**緑色、とくに植物の緑色は精神を安定させたり、脳を活性化させたりする効果がある**と言われているからです。

片づけ、模様替え、観葉植物——部屋の環境を変えるだけで脳は元気になります。

あなたの部屋を〝直観が働きやすい部屋〟にモデルチェンジしましょう。

まとめ

直観が働きやすい「食」と「部屋」。日常生活の見直しも直観力を引き上げる。

おわりに

これからは「直観」が求められる時代に

つい最近、グーグル・ディープマインドの人工知能囲碁プログラム「アルファ碁」が世界最高棋士に勝利したことが話題になりました。

もちろんこの結果だけで「コンピュータが人間の脳を上回った」というのは即断に過ぎます。囲碁の計算しかできないアルファ碁と、その直観的な能力を〝囲碁以外〟にも発揮できる人間の脳の能力の差はまだまだ大きな開きがあるのですから。

しかし、コンピュータの能力が飛躍的に向上していることについては何の異論もありません。

そう考えるとこれから先、日常生活にせよビジネスにせよ、人間がやること、人間ができることは一気に減っていくだろうことは容易に想像がつきます。

むしろ単純な作業はコンピュータに任せたほうが、生産性や作業効率という視点で見ればメリットが大きいとも言えます。

オックスフォード大学のオズボーン准教授は、「現在人間が行っている702の職業のうち47%が、10~20年後には機械にとって代わられる」と試算しました。またオズボーン准教授と共同研究を行った野村総合研究所によれば、「10~20年後、日本における職業の約49%は、機械や人工知能によって代替可能となる」という分析結果を発表しています。

近い将来、タスクやマネジメントの分野をほぼ機械で行うことができるようになったとき、私たち人間に求められるものは何でしょうか。

それは間違いなく**「クリエイティビティ」**、コンピュータが遠く及ばない人間の直観的な創造性です。分析や計算では到達できない領域で答えを引き出す**「直観」こそ、人間だけが担当できる不可侵な分野なのです。**

これからの時代、「直観」こそ、人間がコンピュータや人工知能の台頭から〝生き残る〟ための切り札になります。

いうならば、直観を上手に活かせる人が生き残っていく時代がすぐそこまで来ているということ。言葉を変えれば、せっかくの直観を宝の持ち腐れにしていては、もったいないどころか「将来、ヤバいよ」ということでもあるのです――。


さて。

本書を手に取り、ここまで読んでくださったみなさんには、直観のすごさ、正確さ、そして重要さを〝なんとなく〟でもわかっていただけたはず。

私たちの**〝なんとなく〟には大きな可能性が秘められていること。**

私たちの直観は「人間としてのアイデンティティ」となる能力だということ。

自分の無意識の力へ目を向けることで、将来は大きく変わります。
今日からでも遅くはありません。
ぜひ、あなた自身の直観を信じて、直観力を磨いてほしいと思います。

2017年2月

メンタリストDaiGo

著者プロフィール

メンタリスト DaiGo（めんたりすと・だいご）

慶応義塾大学理工学部物理情報工学科卒業。英国発祥の人の心を読み、操る技術 " メンタリズム " を駆使する日本唯一のメンタリスト。テレビ番組への出演多数。現在は、作家、大学教授、企業顧問として活動中。心理学を応用し、IT サービスから遺伝子検査まで様々なプロダクトを開発している。ビジネス、話術から恋愛、子育てまで、幅広いジャンルで人間心理をテーマにした著書は、累計 160 万部を突破。主な著書は、『一瞬で YES を引き出す心理戦略。』(ダイヤモンド社)、『自分を操る超集中力』(かんき出版)、『ポジティブ・チェンジ』(日本文芸社) 、『トークいらずの営業術』(リベラル社) など多数。

オフィシャルサイト http://daigo.me/

ビジネスやコミュニケーションに使える心理術を無料公開中。
詳しくはメンタリスト DaiGo 公式ニコニコチャンネル http://ch.nicovideo.jp/mentalist まで。

参考文献

『なぜ直観のほうが上手くいくのか？ 無意識の知性が決めている』（合同出版）
『思い違いの法則 じぶんの脳にだまされない 20 の法則』（インターシフト）
『第 1 感「最初の 2 秒」の「なんとなく」が正しい』（光文社）
『卒アル写真で将来はわかる 予知の心理学』（文藝春秋）
『直観を科学する―その見えざるメカニズム』（駒澤大学出版会） など

出版プロデューサー：平田静子
編集協力：柳沢敬法
装丁デザイン：小口翔平＋三森健太（tobufune）
本文デザイン：三森健太＋上坊菜々子（tobufune）
本文イラスト：BIKKE
本文図版：宮下ヨシヲ（サイフォン・グラフィカ）

撮影プロデューサー：高平晴誉（fabriq）
撮影アートディレクター：藏本秀耶
撮影：田中恒太郎
スタジオ：村上清志（10BAN スタジオ）
スタイリスト：松野宗和
ヘアメイク：茂木梨沙
編集人：伊藤光恵（リベラル社）
営業：三田智朗（リベラル社）

編集部　渡辺靖子・廣江和也・鈴木ひろみ・堀友香
営業部　津田滋春・廣田修・青木ちはる・中村圭佑・三宅純平・栗田宏輔・髙橋梨夏

2秒で最高の決断ができる **直観力**

2017年3月25日　初版

著　者　メンタリスト DaiGo
発行者　隅　田　直　樹
発行所　株式会社　リベラル社
〒460-0008 名古屋市中区栄3-7-9 新鏡栄ビル8F
TEL 052-261-9101　FAX 052-261-9134
http://liberalsya.com
発　売　株式会社　星雲社
〒112-0005 東京都文京区水道1-3-30
TEL 03-3868-3275

 ISBN978-4-434-23160-5